Mudras auf Bali

Handhaltungen der Priester

von

P. De Kat Angelino

Mein Dank geht an Peter Windsheimer für das Design des Titelbildes. Des Weiteren an Ariane und Michael Sauter.

Für Schäden, die durch falsches Herangehen an die Übungen an Körper, Seele und Geist entstehen könnten, übernehmen Verlag und Autor keine Haftung.

Copyright © 2011 by Christof Uiberreiter Verlag
Waltrop • Germany

Herstellung und Verlag:
BoD – Books on Demand, Norderstedt
ISBN 978-3-7386-4401-2

Vorwort

Da wir unterstützende Literatur zu den monumentalen Werken von Franz Bardon veröffentlichen wollen, haben wir uns entschlossen, einen kleinen Überblick über die von Meister Arion gegebenen Anweisungen über die Kulthandlungen der Bali-Priester zu geben. Da dieses Buch unseres Wissens nach das einzige ist, auf welches Meister Arion sich bezogen hat, übergeben wir es der Öffentlichkeit zum erneuten Studium.

Wörtlich sagt er im „Adepten" in der 4. Stufe: „Jedes Ritual hat seinen besondern Zweck, dem es dient, ohne Rücksicht darauf, ob es sich um Bann-Zauberei in Tibet handelt oder um die Fingerstellungen der Balipriester bei Kulthandlungen im Orient oder um Ritualbeschwörungen der Magier."

Da dieses Buch viele wunderschöne Zeichnungen von Gesten und Fingerstellungen bringt, wird es eine reichliche Fundgrube für jeden Hermetiker sein. Doch ich muss gleichzeitig noch betonen, dass dieses Buch einer orientalischen Religion untersteht und nicht jeder glauben soll und darf, dass die dort angegebenen „Rituale" bei jedem sofort Wirkung zeigen. Das wäre ein großer Irrtum, denn es bietet nur einen Einblick in die Magie der Rituale und nicht den Zugang zu dem im Akasha befindlichen Kraftreservoir.

Die Priester der Hindu-Balier.

Im September 1920 traf ich im Passanggrahan (Regierungshotel) von Klungkung auf Süd-Bali die schwedische Malerin TYRA DE KLEEN, die sich bereits seit einiger Zeit auf der Insel aufhielt und sich mit Studien über den Tanz der Balier befasste. Bei unserer ersten Unterhaltung teilte sie mir mit, dass das priesterliche Zeremoniell auf Bali und vor allen Dingen die Handhaltungen so merkwürdig (und so deutlich erhalten) schienen, dass sie den dringenden Wunsch hätte, eine Studie von diesen Offizianten zu machen, wenn sie nur einen Menschen fände, der zu ihren Zeichnungen eine Einleitung und einen erklärenden Text schreiben möchte.

Da ich mich nun schon seit Jahren damit beschäftigte, Tatsachen über die balischen Priester zu sammeln, bot ich der Malerin an, mit ihr zusammen zu arbeiten, um, so weit es in meinen Kräften läge, das von ihr gewünschte Ziel zu erreichen. Die Bedeutung desselben war mir von Anfang an klar, und das Werk hatte meine vollste Sympathie. Von diesem Augenblick an begann unsere Zusammenarbeit.

Mit außerordentlichem Eifer begann TYRA DE KLEEN das mühevolle und ungewohnte Werk. Vom frühen Morgen bis zu dem Augenblick, in dem der Abendschein über den Hof meiner Wohnung in Gianjar glitt, arbeitete sie an ihren Studien nach Modellen, die ich ihr als Regierungsbeamter vor allen Dingen mit Hilfe des Regenten von Gianjar I DEWA NGURAH AGUNG vorstellen konnte.

Ohne diese unentbehrliche Unterstützung wären die Priester nicht geneigt gewesen, ordentlich und der Wahrheit gemäß die gebräuchlichen Handhaltungen darzustellen, und ohne diese Hilfe wäre die ganze Arbeit von TYRA DE KLEEN unwiderruflich zum Misserfolg verurteilt gewesen, und deshalb wollen wir an dieser Stelle dem Regenten ein Wort des Dankes zurufen. Im Übrigen kann man die freundliche Mitarbeit und das geduldige Darstellen der Haltungen von Seiten der Priester nicht genug loben.

Wochenlang kamen die Priester und besuchten uns, meistens in Gesellschaft des Regenten, um das gebräuchliche Zeremoniell darzustellen, sodass ausgiebige Gelegenheit vorhanden war, die priesterlichen Mudras festzulegen.

Beinahe alle Zeichnungen, die sich auf Shivapriester beziehen, sind in der Kontrolleurwohnung in Gianjar entworfen worden. Außer in Gianjar und

Klungkung hat TYRA DE KLEEN auch in Karangasem gearbeitet, wo vor allen Dingen die Buddhapriester studiert wurden, und ferner diente ihr in Badung ein Pedanda-Resi aus Sedang als Modell. Sowohl in Tabanan als auch in Buleleng wurden keine Studien gemacht.

Die Aufzeichnungen über die Pedanda, die ich von 1916-1921 gesammelt habe, sind zur Hauptsache auf Grund von Mitteilungen der Priester gemacht worden, die in den gleichen Jahren bei dem Rat von Kerta in Tabanan, Badung, Buleleng, Gianjar, Bangli und Klungkung lebten. Mit diesen Beamten kam ich in meiner Eigenschaft als Vorsitzender des Gerichtes beinahe täglich zusammen.

Ferner erhielt ich Erklärungen von dem Pedanda-Buddha von Batuan, der mir auch das Veda-Buch zur Verfügung stellte, das so viel neues Licht auf den Hinduismus der Balier werfen sollte. Von Shivapriestern aus Gelgel und aus Siladan (Bangli) erhielt ich weiteres Material, und ferner gab mir der Pedanda-Resi aus Sedang die Mantras, die er im Gebrauch hatte.

Zum Schluss gab mir der Sengguhu aus Gianjar noch einige Hinweise und schrieb mir seine Mantras auf. Meine Untersuchungen konnte ich leider nicht vollenden, denn im Januar 1921 wurde ich krank, und im März desselben Jahres musste ich die Insel Bali nach einem Aufenthalt von beinahe 8 Jahren verlassen, um in Europa meine Gesundheit wieder herzustellen.

Das Bündel Vedas, das mir einzelne Priester zum Zeichen ihres Vertrauens und ihrer Freundschaft schenken wollten, liegt zum Teil unlesbar vor mir, denn die Sprache enthält außer vielen Sanskritworten Altjavanisch und Mitteljavanisch (das heißt javanische Sprache des Tengger's). Die Lesung dieser Bücher zeigte mir aber, dass diese einen Schatz von wertvollen Tatsachen umfassten. Ich habe sie glücklicherweise meinem Freunde RADEN-NGABEHI-PURBATJARAKA, einem Beamten bei der Alter-tumskunde von Holländisch-Indien, der zur Zeit Hilfslehrer für die javanische Sprache an der Universität in Leiden ist, anvertrauen können. Er ist ein Javaner von bedeutenden Anlagen und kam kürzlich nach Holland, um seine Studien zu beenden, und seiner Sprachkenntnis und seinem Scharfsinn ist es bereits gelungen, viele dunkle Punkte der altjavanischen Literatur etc. aufzuklären. Aufklärungen aus diesen Vedabüchern haben wir durch ihn teilweise bereits mitbenutzen können.

Das vorliegende Werk trägt zwar noch die Zeichen der Unvollständigkeit an sich, aber wir waren der Auffassung, dass wir doch mit einer Darlegung der von uns gefundenen Tatsachen nicht länger warten sollten. Wir waren der Meinung, dass diese erste Arbeit, wenn auch nicht ohne Mängel, den Weg vorbereiten könnte zu einem nützlichen und absoluten Studium der bisher verborgen gehaltenen gottesdienstlichen Bücher auf Bali und von Allem, was sonst damit im Zusammenhang steht.

Ich bin davon überzeugt, dass nach Herausgabe dieser bisher völlig unbekannten Tatsachen, durch welche uns die geheimnisvollen balischen Priester wiederum näher treten, eine folgende Untersuchung unendlich viel mit sich bringen wird und dass die Priester auf Bali gegenüber einem wissenschaftlich gebildeten Forscher, der ihnen ihre Vedas auslegen kann, sodass dieselben für sie selbst in einer neuen Glorie aufleben, künftig alles Rätselhafte in ihrem Gebaren fallen lassen werden und dass sie selbst in vollständiger Hingebung Alles veröffentlichen werden, was sie an Büchern besitzen, sodass des künftigen Forschers eine reiche Ernte wartet. Wir waren auch der Meinung, dass wir uns im Text nicht beschränken sollten auf eine einfache Behandlung der Mudras, sondern dass wir zunächst einmal die Priester selbst, die Pedandas und ihre Lehre besser kennen lernen müssten. Wenn es schon für Jemand, der die gottesdienstlichen Begriffe und die Art der Götterverehrung bei den Baliern nicht kennt, unmöglich ist, eine richtige Einsicht in die sozialen Verhältnisse dieses Volkes zu erhalten, so versteht es sich von selbst, dass wir in einem Artikel über die balischen Priester noch viel weniger auskommen konnten, ohne eine einleitende Betrachtung über den Gottesdienst, wenn wir auch fürchten, Vieles berichten zu müssen, was andere Verfasser schon früher darüber mitgeteilt haben.

Diese Mitteilungen sind jedoch nur in holländischen Schriften erschienen und bei den ausländischen Lesern so gut wie unbekannt geblieben, und wir halten es deshalb für unsere Pflicht, hier zusammenzufassen, was die besten Autoren über Bali in früherer Zeit uns an Kenntnissen über den Gottesdienst geschenkt haben.

Der Begriff des Gottesdienstes

Die Balier bekennen sich zum Hinduismus, der früher in der ganzen indischen Inselwelt, vor allen Dingen aber auf Java einen bedeutenden Einfluss ausgeübt hat; aber nur auf der kleinen Insel Bali hat diese Religion nicht nur standgehalten, sondern sie blüht auch noch lebhaft, ungeachtet der

Ansicht mancher Menschen, und vor allen Dingen der Boten und Freunde der christlichen Mission, die so gern glaubten, dass der Hinduismus auf Bali ausgeblüht hätte und durch den Islam verdrängt worden wäre, wenn sich die Mission nicht der Insel Jung-Holland erbarmt hätte, wie der Missionar VAN ECK mit Vorliebe Bali benannte. Wir unterschreiben gern, was C. LEKKERKERKER in seiner Übersicht über die Geschichte der christlichen Mission unter den Baliern in den Indischen Berichten von 1919/11 sagt: „Die ungebrochene Kraft der tiefreligiösen persönlichen und gemeinschaftlichen gottesdienstlichen Begriffe der Balier, die das Leben des Volkes beherrschen und seine Gesellschaft durchdringen und zusammenhalten und durch den Hinduismus stark beeinflusst sind, bestimmt letzten Endes seinen Ritus und seine Feierlichkeiten, nicht nur die des einzelnen Individuums, sondern auch die der Familie, des Subak, des Dorfes und des Landes.

Der Hinduismus der Balier umfasst weder die gottesdienstlichen Begriffe Indiens, noch entspricht er vollkommen dem Hinduismus in der glorreichen Zeit der großen Hindureiche, als beinahe der ganze Archipel unter der Herrschaft der javanischen Fürsten stand.

Der Hinduismus, der von Indien aus in unseren Archipel gebracht wurde, vermischte sich mit den Begriffen der dort lebenden Völker, und der bereits veränderte und gemischte Gottesdienst hat auf Bali wiederum eine Bevölkerung vorgefunden, deren eigene Auffassungen und Begriffe mit ihm vermischt wurden.

Ein stark gefärbter Grund von polynesischem Animismus durchwebt mit Hindu-Farben, ein Tuch, dessen Muster und Motiv von dem Hindu kommt, das aber aus Fäden von unverfälschtem Animismus gewebt ist, gibt ungefähr eine Vorstellung von dem Hinduismus auf Bali so, wie ihn das Volk lebt.

Ein wesentlicher Faktor für die Entwicklungsgeschichte des Hinduismus auf Bali ist der Umstand, dass dieser Gottesdienst nicht durch Eroberung oder nach einer Eroberung aufgedrängt worden ist, wenigstens nicht gleich zu Beginn, sondern dass derselbe langsam aufwuchs und dadurch mehr Gelegenheit hatte, sich der Gedankenrichtung der Bevölkerung anzupassen und andererseits mehr Gelegenheit gab, seine Ideen aufzunehmen.

Obwohl wir nicht sicher wissen, ob Hindus aus Indien in direkter Verbindung mit der Bevölkerung von Bali standen, scheint es mir, dass wir dieses als sicher voraussetzen können. Vor langen Zeiten müssen dann die Balier, vor allen Dingen an der Küste, Bekanntschaft gemacht haben mit diesen von außen her gekommenen Begriffen, die einen tiefgehenden Eindruck bei ihnen hinterlassen mussten, besonders da gewiss Hindu-Kolonisten auf Bali zurückblieben; genau so wie die Holländer schon bei ihrer ersten Berührung mit Bali zur Zeit der Reise des DE HOUTMAN einige Personen als Handelsvertreter zurückließen.

Als die Fürsten von Ostjava unter ihrem Feldherrn Gaja Mada die Insel Bali eroberten, müssen sie daselbst bereits einen Kern von Hindus vorgefunden haben, der sich einerseits durch direkte Berührung mit Indien, andererseits aus Beziehungen mit Java, die ja wegen der großen Nähe nicht weiter verwunderlich sind, gebildet hatte. Nach dem Einfall der Javaner wird die Hinduisierung wohl in beschleunigtem Tempo fortgeschritten sein, und wir erhalten dann also eine Zeit von intensivem Java-Einfluss und eine Invasion von hindu-javanischen Begriffen, die sich mit dem Bali-Hinduismus und Bali-Animismus vermengten.

Nach dem Fall von Madjapahit ziehen dann Hunderte oder Tausende von Hindu-Javanern und zweifelsohne die Oberschicht der Ostjavanen hinüber zu der verwandten Bevölkerung von Bali, mit der sie sich völlig vermischen (an eine allgemeine Völkerwanderung der Javaner vermögen wir nicht ganz zu glauben). Sie verbinden sich mit den verwandten Hindu-Baliern, sowie auch mit den ihnen weniger verwandten Gläubigen eines Naturgottesdienstes, den Bali-Aga oder Bali-Mula, und aus diesen Mischungen sind die Balier von heute hervorgegangen.

Es ist deutlich, dass das javanische Volk nicht im Ganzen nach Bali geflüchtet ist, indem es vor der heranziehenden mohammedanischen Macht entwich, wohl aber alle Menschen, die gegenüber dem Islam viel zu verlieren hatten, die Abkömmlinge von Fürsten, die Edlen, die Brahmanen und die Priester.

Dieser Flucht von hochstehenden, gebildeten, intellektuellen Javanern, die ihre geistigen Schäle, ihre Bücher, ihre Einrichtungen und ihre Literatur nach Bali mitnahmen und dort in Sicherheit brachten, die diese Schäle aber nicht dem Volke schenkten, sondern einem Kern von Gleichwertigen oder Verwandten geliehen haben, mag es zuzuschreiben sein, dass bis heute die meistens rein hinduischen Begriffe nur durch einen kleinen Kern der Bevölkerung, durch die Edlen, und vor allen Dingen durch die Brahmanen und Priester unverfälscht bewahrt werden, während das Volk, als Ganzes genommen, mehr ein Anhänger des polynesischen Naturgottesdienstes geblieben ist.

Wir müssen auf Bali demnach auch deutlich unterscheiden zwischen dem

Gottesdienst der Bevölkerung und dem Gottesdienst der Brahmanen, besonders der Priester, der Pedandas, welche die Erhalter des Gottesdienstes und der Literatur sind. Allerdings haben auch sie viele Begriffe aus dem Animismus herübergenommen.

In Vorderindien war und ist es nicht anders, auch dort haben wir eine meistens widersinnige Abgötterei neben einem edlen Gottesbegriff.

Bei LIEFRINCK lesen wir auf Seite 245 der Zeitschrift T. L. V. Teil 33, dass der Volksgottesdienst in allererster Linie aus einer Versöhnung der bösen Geister besteht.

Ohne uns nun weiter in die Art dieser Versöhnung zu vertiefen, können wir feststellen, dass dieser in Polynesien allgemein angetroffene Begriff von allgegenwärtigen Geistern, die uns quälen und die wir durch Opfergaben und Verehrungsbeweise günstig stimmen müssen, verbunden ist mit den Vorstellungen von Krankheiten und Fehlschlägen und dass derselbe also hier auf Bali aus einer Zeit stammt, in der das Volk noch auf der Stufe von animistischen Steinanbetern (?) stand, und dass sie diese Auffassungen nicht übernommen haben werden von dem indischen Hindu, der allerdings nicht weniger auf Butas und Geisterverehrung hörte.

Viele Geister, die an bestimmten Orten zu wohnen pflegen, haben die Balier dann mit Hindugötternamen geschmückt, und dadurch haben diese heidnischen Geister einen Platz auf dem balischen Olymp eingeräumt erhalten.

C. P. TIELE schrieb bereits im Jahre 1886 in seiner Zusammenfassung über den Hindugottesdienst im ostindischen Archipel (Vaterländische literarische Studien 106. Jahrgang), dass der Batara-Guru kein Anderer wäre, als der Watu-Gunung, der Steingott der vorhinduischen Kultur, und dass die Gottheiten des altbalischen Glaubens in ein Hindugewand gesteckt worden wären, um Zugang zum Pantheon der Hindu zu erhalten. Der Glaube an diese Geister und die Vorstellung, dass alle leblosen Gegenstände von Geistern bewohnt werden können, lebt unter allen Baliern und auch unter den Priestern.

Die balische Literatur, und diese umfasst bereits ein bedeutendes Volumen (man braucht nur die Übersicht über die Literatur von Bali und Lombok bis Ende 1919 durchzusehen, wie sie C. LEKKERKERKER durch das Bali-Institut herausgegeben hat), gibt fast auf jeder Seite Beispiele von diesem Alles beherrschenden Animismus.

Im täglichen Leben, bei allen Vorfällen im Familienleben, vor allen Dingen bei Krankheiten, bei Jahresfesten, in ihrem ausgeprägten Glauben an

Werwölfe, in ihrer eigenen Literatur und überall stoßen wir auf Begriffe, die animistisch oder voranimistisch sind und wenig Hinduelemente aufweisen.

Der zweite Teil des Gottesdienstes, die Verehrung des Ortes der Herkunft, stammt ebenfalls aus der Vor-Hindu-Zeit.

Wir wissen z. B., dass Westbuleleng, das unter dem Namen Pulaki bekannt ist, in früherer Zeit und hauptsächlich wohl in der Vor-Hindu-Zeit ein gut gedeihendes Gebiet gewesen sein muss, in dem Dörfer und Niederlassungen in großer Menge gelegen haben. Durch die Arbeit der Vulkane ist das Gebiet unbewohnbar geworden, sodass die Bevölkerung ihre Häuser in östlicheren Orten aufbaute. Bis heute unternehmen nun die Leute, die aus jenen Gegenden stammen, noch in jedem Jahre Wallfahrten nach Pulaki zur Verehrung ihrer Vorfahren, um den Ort ihrer Herkunft, der Herkunft der Familie (Kemulan) zu ehren und auf diese Weise die Gunst der Vorfahren zu erwerben.

Die Verehrung des Ortes der Herkunft der Familie ist also schließlich nichts Anderes als auch die allgemein wahrnehmbare Verehrung der Vorfahren und der Toten (Pitara).

In dritter Linie besteht der Gottesdienst in der Verehrung der Götter, welche auf der Erde die größte Macht haben, und diese Erde umfasst für den Balier seine Insel sowie die See, welche die Küsten bespült.

Die Götter, welche die Balier annehmen, sind zahllos. Brahma und Wischnu genießen keine Verehrung, auch beim Volke nicht, nur in einigen Landesfesten werden auch ihnen Altäre errichtet. Die Shivaverehrung hat alle übrigen Götter verdrängt.

Für alle Erscheinungen der Natur, für allerlei Eigenschaften, Windrichtungen, Berge, Seen, Flüsse, Grotten und Täler haben sie ihre Götter, die in kleinen Nischen in den Tempeln einen Sitz erhalten, wo ihnen Opfergaben angeboten werden. Da es unmöglich ist, alle oberen Götter und geringere Gottheiten zu kennen, beschränken sich auch die Gläubigsten darauf, nur die Götter zu verehren, welche beweisen, dass sie für ihre Person und ihre Familie Bedeutung haben, die ihren Sitz in unmittelbarer Nähe haben, oder als besonders mächtig dargestellt werden.

Daraus ergibt sich, dass alle Familien wieder andere Götter in ihren Opfernischen beherbergen.

Es ist merkwürdig, dass sowohl in den Opfernischen der großen Tempel als auch in den Haustempeln in der Regel noch große Steine niedergelegt werden, die möglicherweise hinweisen auf die Zeit einer Steinanbetung.

Eine zulässige Erklärung habe ich für diese Steine nicht. In einem Tempel in Djumpai, am Südstrand, werden noch bis heute Korallensteine, die man mit den Fischnetzen aus der See heraufgeholt hat, im Tempel in einer Opfernische niedergelegt, während ich mich noch eines Tempels erinnere – ich glaube in Klungkung – in dem nur Steine von ungewöhnlichen Formen einen Platz fanden.

So sah ich auch im Jahre 1915 in der Nähe von Kintamani am Weg entlang einen Haufen von aufgestapelten Steinen, und es hieß, dass dort die Balier (ich meine Bali-Aga) opferten. In der Tat lagen damals Blumen und Reisopfer auf diesem Steinhaufen. In späteren Jahren kam ich zurück und fand den Platz durch die Erdbeben von 1917 zerstört. Es war kein Opferaltar zu finden, und auf Fragen schien niemand mehr die wahre Bedeutung angeben zu können.

Die Götter, die für den einzelnen Menschen von besonderer Bedeutung sind, werden von ihm verehrt. Die übrigen vernachlässigt er vollständig. Wenn es sich nach einiger Zeit herausstellt, dass eine neue Gottheit einen Einfluss auf die Familie hat, so wird aus Vorsicht auch ein Altar für ihn aufgerichtet.

Mitteilungen über solche für einen Menschen wesentliche Fragen über den Einfluss und den Wunsch der Götter werden dem Betreffenden mitgeteilt durch Personen, in deren Körper die Gottheit eingeht; wenn das geschehen ist, können diese die Botschaft der Götter überbringen.

Findet der „Sabda-Dewa" Glauben bei den Baliern, so werden seine Worte befolgt und die Folgen derselben werden durchgeführt, wenn sie auch den Leuten beträchtliche und dauernde Kosten auferlegen.

Äußert ein Dewa den Wunsch, dass auch für ihn ein Altar gebaut werden soll, dann wird der Wunsch so schnell wie möglich ausgeführt.

Bei verschiedenen Zeremonien erkennen wir noch deutlich den heidnischen Ursprung. Merkwürdig ist auch, dass bei den meisten Dorffesten, bei denen das heidnische Element noch deutlich nachzuweisen ist, der Priester nicht die erste Rolle spielt, sondern der Pamangku als Vorgänger fungiert; er ist vielleicht mit dem Balian und dem Sengguhu gleichzeitig eine Gestalt, die mit den bekannten Geisterbeschwörern der primitiven Völker verwandt ist.

Mit den Göttern geht man bei einigen Festen auch sehr familiär um. Man braucht nur an das Makihis zu denken, das heißt an das Geleiten der Götter aus dem Tempel an die See, in der die Götter einmal im Jahre ein Bad nehmen dürfen, um dann unter lautem Geschrei in den Tempel zurück gebracht zu werden.

Die gedachten Götter werden aus Münzen (chinesischen Kepengs) angefertigt und als Puppen mit einem menschlichen Gesicht im Tempel aufbewahrt. Die Puppen werden in Tragstühlen zum Strand getragen. Nach ihrer Rückkehr finden vor dem Tempel gewaltige Scheinkämpfe statt, wobei die lärmenden Gefolgsleute, die den Gott tragen, sich in zwei Parteien spalten, die einander den Eintritt ins Gotteshaus streitig machen. Bei diesen Kämpfen betragen sich die Balier, als wenn sie vom Teufel besessen wären.

Es ist merkwürdig, dass bei diesen Festen das Volk, das solche Gebräuche außerordentlich zu lieben scheint, „au grand complet" ist.

Beim Usabafest (vergl. LIEFRINCK: Die Reiskultur auf Java), das kurz vor oder sofort nach der Ernte abgehalten wird, treffen wir denselben heidnischen Gebrauch an. Das Usabafest folgt auf das Makihis.

An dem Morgen des Festtages werden zahlreiche Opfergaben zum Tempel gebracht. Der Pamangku hält alle Zeremonien, und nicht der Priester. Er sitzt vor dem Altar der Dewa-Aju-Manik-Galih, zweifellos einer Göttin, die aus der Vor-Hindu-Zeit übernommen worden ist.

In der Nacht, die auf die Tempel-Zeremonien folgt, finden dann die bekannten Kristänze statt. Frauen, die in einem Kreise sitzen, schwingen Feuertöpfe mit Weihrauch und geraten nach einiger Zeit in eine Verzückung, machen mit den Armen krampfhafte Bewegungen, rollen mit den Augen und stoßen unzusammenhängende Töne aus.

Sobald diese Personen mit der Gottheit, die in sie gefahren ist, gesprochen haben (sie werden Permade, Permas und Wewalen genannt) und sobald die Opfergaben der Gottheit angeboten sind, welche durch Vermittlung der Permade ihre Dankbarkeit bezeugt, beginnt in einigen Personen eine Erregung, sie greifen nach dem Kris, dem Speer oder der Lanze und führen damit einen wüsten Tanz auf, wobei es nicht selten vorkommt, dass sie sich ernstlich oder sogar tödlich verwunden.

Mehrmals sah ich, dass das Blut aus einer klaffenden Brustwunde tropfte und der wahnsinnige Kristänzer steckte nur eine Blume in die Wunde und tanzte weiter. Selbst kleine Kinder nehmen an der Tollheit teil. Es kostet die größte Mühe, ihnen die Waffen aus den krampfhaft geschlossenen Händen zu nehmen und sie auf diese Weise unschädlich zu machen.

Die Balier nehmen mit Herz und Seele an diesen sinnlosen Vorstellungen teil. Frauen und Mädchen sehen mit Spannung auf einen Besessenen, der über den Boden rollt und einem lebenden Küken den Kopf abbeißt, um dann mit bluttriefendem Mund durch den Tempelhof zu rennen. Solche

Vorstellungen habe ich selbst in der Hauptstadt Singaradja, in der doch schon seit 1856 westlicher Einfluss spürbar war, mitgemacht. Endlich will ich auch noch die Gebräuche erwähnen, die beim Menjepi-Fest beobachtet werden.

An dem Abend, der dem Menjepi vorausgeht, werden durch eine ohrenbetäubende Kesselmusik, die von der ganzen Dorf Jugend mitgemacht wird, die Teufel, die während des vergangenen Jahres im Dorfe eingeschlossen waren, ausgetrieben. Am folgenden Tage bleiben alle Menschen zu Hause. Weder Licht noch Feuer werden angezündet. Die Desa sieht wie ausgestorben aus. Wenn ein Balier durchaus ins Freie muss, läuft er mit fliegenden Haupthaaren und ohne Kris (Dolch), denn er will die bösen Geister, die die Absicht haben könnten, ihre alten Stätten wieder aufzusuchen, auf eine falsche Spur bringen, indem er ihnen die Vorstellung vorspiegelt, dass das Dorf verschwunden ist oder wenigstens unbewohnt, und dass der unbewaffnete Mann, der mit fliegendem Haar herumläuft, kein Mensch ist.

Die Krankheiten werden von bösen Geistern verursacht, die man wieder günstig stimmen muss, indem man ihnen Opfergaben anbietet, oder deren Einfluss man zu entkommen trachtet, indem man nach einem andren Orte umzieht. Man kann diese bösen Geister aber auch einschüchtern, indem man schreckliche Zauberformeln hersagt oder Mittel anwendet, deren magische Kraft den bösen Geist vertreibt oder vernichtet.

Wenn auch in den Zauberformeln der Dukuns und Balians Hinduelemente vorkommen, bin ich doch sicher, dass dieselben an sich aus der Zeit vor den Hindu stammen.

Der Haustempel, Sangga oder Pameradjaän, ist auch eine Stätte, die der Balier, der kein Hindu war, stets gekannt hat. Es muss dieselbe Stätte sein, an der er die Ahnen verehrte, an der er bis heute ein Sangga-Kemulan errichtet hat, und an der er in späteren Zeiten vielleicht für bestimmte Geister, die ihm wichtig schienen, auch Altäre errichtet hat, um wiederum später die Geister mit Hindubezeichnungen zu versehen. Häufig tragen die Opfernischen noch Bezeichnungen, die im Hindu-Pantheon unbekannt sind.

Sagt SPENCER nicht, dass „Ahnenverehrung die Wurzel jeder Religion sei" und haben wir nicht an andren Stellen gelesen, dass der Ehrendienst der Vorfahren der Weg sei, auf welchem der neue Volksgottesdienst hinübergeführt würde in den alten heidnischen Ehrendienst?

Der Gebrauch, eine Wöchnerin, welche Zwillinge von zweierlei Geschlecht zur Welt gebracht hat (d. h. manak salah), auf den Friedhof zu verbannen, stammt ebenfalls nicht von den Hindu, ist aber bis heute erhalten geblieben. Allgemein gesagt, scheinen mir die auf Bali so stark in den Vordergrund tretenden Begriffe der Unreinheit des Landes (Panas oder Terang) infolge von Untaten der Bevölkerung sowie die Wiederherstellung der Reinheit durch blutige und unblutige Opfergaben oder durch das Verbannen oder Töten der Anstifter, ebenfalls nicht hinduistisch zu sein. Bei den blutigen Opfergaben denken wir an die zahlreichen Hahnenkämpfe, die abgehalten werden, um Blut über die unreine Stätte, einen Hof, ein Dorf, ein neu urbar gemachtes Land fließen zu lassen, wodurch die Aufhebung eines Bannfluches erreicht wird. Solche blutigen Opfer sind an die Stelle von viel älteren Menschenopfern getreten, worauf FRIEDRICH und VAN ECK in ihren Schriften hinweisen.

In diese balische Welt, in der die soeben beschriebenen Begriffe und Gebräuche lebten, kam nun der Hinduismus, der seinerseits weder frei ist von der Verehrung böser Geister (Kala), noch von der Verehrung der Ahnen (Pitara).

Der Gottesdienst der Inder vermischte sich mit diesem Gottesdienst der Balier, die sich natürlich von ihren alten Vorstellungen nicht frei machen konnten und die ihren Glauben an Geister und verborgene Kräfte nicht verloren haben. Im Gegenteil, der Glaube daran ist bei den Meisten, das heißt beim Volk, das mit den erhebenden Vorstellungen des Hindugottesdienstes kaum in Berührung kam, der vorherrschende geblieben.

Es ist für das Volk am meisten kennzeichnend, dass die Kastenteilung, die für den brahmanischen Gottesdienst so charakteristisch ist, eingeführt wurde und dass einzelne Namen von Hindugottheiten eine allgemeine Bekanntheit erreichten. LIEFRINCK schält diesen Zustand wohl sehr richtig ein, wenn er schreibt: Wenn man das Kastenwesen mehr als eine soziale Einrichtung betrachtet, die den Hindugottesdienst nur an der Oberfläche berührt, und richtet man sodann den Blick auf die Lehrsätze des Hinduismus: „Brahma ist der Gottesbegriff", wozu sich später noch Wischnu und Shiva gesellt haben, und ferner die Inkarnationen von Buddha, da wird Jeder, der einige Zeit unter den Baliern gelebt hat, feststellen können, dass sie nicht nur von diesen dogmatischen Begriffen nicht durchdrungen sind, sondern dass den Meisten sogar der Klang der Namen unbekannt ist.

Die Leichenverbrennung sowie die nunmehr verschwundene Witwenverbrennung (Mebela, Mesatja) verdanken die Balier wohl aller

Wahrscheinlichkeit nach den Hindus und auch die allgemein im Gebrauch befindlichen Farben rot, weiß und schwarz zeigen nach Indien. Ebenso ist der Tempelbau und die Kunst von Bali im Allgemeinen mit der hindu-javanischen und der indischen Kunst sehr nahe verwandt.

Von den Anhängern des Volksgottesdienstes sind die Brahmanen im Allgemeinen und die Priester im Besonderen, aber, wie ich glaube, auch die Personen von hoher Geburt durchaus getrennt, und vor allen Dingen die fürstlichen Familien, die, so viel ich weiß, einen Hauskult mit einem bestimmten Ritual unterhalten.

Der mehrfach genannte Regent von Gianjar, ein Ksatriya von Geburt und der Sohn des letzten dortigen Fürsten, beginnt jeden Tag damit, dass er, sobald er das Morgenbad genommen hat, in seinem Haustempel „den sembah" verrichtet, genau wie die Priester das stets tun, wenn auch unter Ausführung von viel mehr Zeremonien.

Dieser Morgenritus scheint mir unverfälscht von den Hindus zu kommen. Der Dienst der Brahmanen hat sich viel reiner erhalten als der Dienst der Menge und wenn man FRIEDRICHS Darlegungen folgen will, so ist er sogar reiner erhalten als in dem größten Teil Indiens.

Der häusliche Gottesdienst der Brahmanen, den FRIEDRICH zweimal und den ich selbst mehrere duzend Male mitgemacht habe, ist nach Meinung des Erstgenannten ein Monoteismus, ein klarer Shivadienst, wenn er auch mit einigen überflüssigen Zeremonien vermischt war. Die priesterlichen Zeremonien sind so bestimmt festgelegt (nach FRIEDRICH) und haben eine so deutliche Bestimmung, die man aus den heiligen Büchern ableiten kann, dass der Verfasser auch mit Bezug auf diese gottesdienstlichen Verrichtungen bezweifelt, ob sie mehr bastardisiert sind als in Indien. Aus den Mitteilungen von Professor KROM nach seiner Reise durch Indien wissen wir, dass er feststellen konnte, dass die Art des Betens bei den balischen Priestern noch übereinstimmt mit den in Indien gebräuchlichen Formen, z. B. auch in Bezug auf die Haltung der Hand, in der die Gebetsblume gehalten wird.

Den Glauben der Brahmanen kann man als Grundlage für den reinen Hinduismus auf Bali betrachten. Sie kennen in Wahrheit nur einen Gott: Shiva. Aus ihm kommt Alles und zu ihm kehrt Alles zurück. Er, der Maha-Dewa, der mit Suryya identisch ist, trägt alle indischen Namen, die von dem unwissenden Volk für selbständige Götter gehalten werden.

Brahma und Wischnu sind ebenfalls Shiva, sie bilden die Drei-Einheit, die heilige Trimurti. Brahma, Ischwara und Wischnu oder Sada-Shiva, Maha-

Shiva und Brahma-Shiva weisen zum Schluss ebenfalls auf Shiva, den Maha-Dewa, hin.

Unter dem Volk hört man von einem höchsten Gott als Sang-Hyang-Widi sprechen, eine Bezeichnung, die wir bei den Priestern nicht hören, obwohl dieser Name als höchster Gott erst recht in den altjavanischen Schriften vorkommt und in der Bedeutung des Schicksals als Gott gedacht ist.

Bei der Besprechung des häuslichen Kultes der Priester, der noch an den alten Wedadienst der indischen Brahmanen erinnert und welcher der Sonne, Suryya, das ist Shiva, geweiht ist, werden wir noch Gelegenheit haben, den großen Unterschied zwischen diesem frommen persönlichen Kult und den widersinnigen Zeremonien des Volkes festzustellen.

Doch werden noch mancherlei Feste in den Dörfern durch Priester geleitet, die entweder im Dorftempel oder im Haustempel das Darbieten der Opfergaben, die allgemeine Verehrung der Volksgötter vornehmen, Weihwasser sprengen und, kurz gesagt, das ganze Fest anordnen.

Wie die Priester mir mehr als einmal mitgeteilt haben, betrachten sie sich bei diesen Festen lediglich als Vermittler, und sie haben an diesen Zeremonien keinen Anteil. Für sie ist der persönliche Kult Alles.

Viele Feste werden auch durch den Pamangku, den Tempelwächter, geleitet, der auch bei einem Priester in der Lehre gewesen ist, einige Gebetsformen murmeln kann und der auf direktem Wege von den Göttern durch Vermittlung des oben bereits genannten Sapda-Dewa gewählt wird und deshalb in den Augen der Dorfangehörigen eine wichtige Persönlichkeit ist, die ihnen viel näher steht als der brahmanische Priester, weil er aus ihrer eigenen Mitte, aus dem Volk selbst hervorgegangen ist.

Er muss sich auf sein Amt durch vieles Fasten, durch einen langen Aufenthalt in den Haus- und Dorftempeln vorbereiten, er muss die „Saha" studieren und ein vorbildliches Leben führen. Die Saha ist ein Kompendium aus den Schriften des Pedanda Ida-Sang-hyang-Jadja-Mana und umfasst Gebetsformen sowie Vorschriften über das rituelle Schlachten von Tieren etc..

LIEFRINCK erzählt noch in seinem Buche „Landsverordeningen" unter dem Kapitel: Der Gottesdienst in Verbindung mit dem Volksglauben, dass nach der Auffassung des Volkes der erste Pamangku ein gewisser Kulputih gewesen ist, Jemand, der den Pedandas zur Seite steht, wenn diese den geringeren Geistern Opfergaben darbringen. Diese geringeren Geister oder Butas sind die Diener Gottes, die Shiva als Boten aus seinem Shivalaya ausgesandt hat, die aber nach LIEFRINCK nichts Anderes sind als eine

Geisterverehrung aus der Vor-Hindu-Zeit.

In Verbindung mit diesen Mitteilungen muss hier auf eine der letzten Schriften von R. Ng. PURBAT-IARAKA hingewiesen werden: „Die Inschrift des Mahaksobhya-Bildes in Simpang" (Surabaya) in den Beiträgen T. L. V. von Niederländisch-Indien, Teil 78, Lieferung 3 und 4 (1922), in der er auf Seite 451 eine geniale Verbesserung anbringt in einer irrtümlichen Übersetzung von Professor KERNS ebenfalls unrichtig wiedergegebenen Worten „Anawung, sangkaka, rengkan, nadi", die in der dritten Zeile von Gesang 12, Strophe 1 des Nag. Kret. vorkommen und wie folgt lauten: „ngkaneng daksina Boddha mukya ng anawungsang kaka Rengkannadi und überseht sind mit: Im Süden die Buddhisten; der Vornehmste von den Sanggha (Congregation) ist der sthawira (der älteste) Rengkannadi." Diese Zeilen mit besserer Worttrennung lauten dann bei PURBATIARAKA wie folgt:

Ngkaneng daksina Boddha mukya ng anawung sangka (lies: cangkha) karengkan nadi, was bedeutet: „Dort im Süden wohnen die Buddhisten, an deren Spitze „der Träger der Muschel" steht, abgetrennt durch einen Fluss." Der Schreiber weist dann darauf hin, dass die Cangkha genügend bekannt ist als eins der Hauptattribute des Gottes Wischnu und deshalb die Nennung des Trägers der Muschel als eines Hauptes des buddhistischen Gottesdienstes unverkennbar auf eine Vermischung des Wischnuismus mit dem Buddhismus hinweist. Vergleiche auch Zeitschrift T. L.V.f (Bat. Genootschap) Teil 49 (1907), wo F. JOCHIM auf Seite 188 ff. einen Artikel über die Sangkamuschel gibt. Ferner teilt der Verfasser mit, dass die Cangkha auch wieder zu finden ist im Pararaton (a sangka pani, das auch Muschelträger bedeutet) und dieses Beiwort wurde durch Ken-Angrok an Dang-Hyang-Loh-Gawe verliehen, und mit Recht, weil dieser Loh-Gawe ein Anhänger des Wischnu war.

Er fährt weiter fort, dass derselbe Titel in seiner reinen javanisch-balinesischen Form auf Bali gegenwärtig noch bekannt ist, nämlich in Sang-Amangku-Kulputih, das ist der Träger der weißen Muschel. Jetzt begreifen wir auch, weshalb LIEFRINCK gehört haben kann, dass der Balier glaubt, der erste Pamangku wäre Kulputih gewesen.

Die Person, die das Vorrecht hat, diesen Titel zu tragen, wird nun gewöhnlich auf Bali Pamangku genannt – so meint PURBATJARAKA – und sie ist infolgedessen eine Erscheinung, die im Gottesdienst auf Bali keine geringe Rolle spielt.

PURBATIARAKA fragt dann, ob ein solcher Pamangku denn

17

wahrscheinlich immer ein Buddhist ist? Darauf kann ich antworten, dass er wohl niemals ein Buddhist sein wird, denn ich denke, dass die Buddhisten auf Bali sämtlich Brahmanen sind und die meisten Pamangkus gehören zur Kaste der Sudra. Es ist nun sehr merkwürdig, dass nicht der Pamangku auf Bali eine Cangkha als Attribut gebraucht, sondern dass die weiße Muschel stets ausschließlich vom Sengguhu gebraucht wird (siehe Zeichnung S.145 von TYRA DE KLEEN) und er ist ein Offiziant, der nach VAN ECK der Priester der heidnischen Balier war. Ist es dann nicht merkwürdig, dass dieser das Attribut von Wischnu trägt? Hier ergeben sich weitere Fragen und Bali selbst wird einmal die Antwort darauf geben.

Außer den Priestern und Pamangkus nannten wir soeben den Sengguhu, der bei einigen großen Festen in Haus- und Dorftempeln und auch bei dem Menjepifest neben dem Priester die Zeremonien verrichtet.

Der Priester sitzt für gewöhnlich auf einem hohen Sessel und bietet die auf Opfertafeln niedergelegten Opfergaben den Göttern an, während der Sengguhu rechts vom Priester auf dem Boden sitzt und dort die Gebete und Zeremonien bezüglich der Opfergaben verrichtet, die vor ihm auf dem Boden ausgestellt sind, die Nebenopfer, die Banten-Beten oder Banten-Sor, welche den Butas oder bösen Geistern vorgesetzt werden.

FRIEDRICH sagt mit Bezug auf den Sengguhu: „Eine Abteilung der Sudras, welche die Wedas kennen und den häuslichen Kult ebenso wie die Priester verrichten. In der javanischen Usana steht, dass die Sengguhu von den Brahmana-Brahmani abstammen, jedoch wegen der Verehrung des Dalem-Mur, des Totengottes im Kala-Dienst, degradiert wurden. Andere sagen, dass der Sengguhu von einem Parekan, Bedienten des Priesters, abstammt, dass er demselben die Wedas abgelauscht habe und alsdann vom Pedanda die Erlaubnis erhielt, auch den Kult zu verrichten." Der Missionar VAN ECK sagt in seinem Artikel über balische Sprichwörter auf Seite 392 der Zeitschrift Bat. Genootschap Teil 21(1875) wie folgt: „Der Sengguhu erscheint, sobald die sogenannten Banten, Beten, d. h. die Nebenopfer, eingeweiht werden müssen. Er spricht über sie unter Aussprengung von Weihwasser die gewohnten Mantras. Das Maweda ist ihm verboten. Die Sengguhu fühlen sich als Menschen von Bedeutung, denn ihre Tätigkeit wird von den Mitgliedern der Desa sehr gewürdigt."

Van Eck teilt noch eine Erzählung mit, die er auf Bali aufgezeichnet hat, eine Legende über den ersten Sengguhu. Er war ursprünglicher Bewohner des Himmels, I Guta, der wegen eines Vergehens bestraft wurde und auf der Erde im Busch sich herumtrieb, wo er jeden Menschen, dem er begegnete,

18

verschlang, bis er von einem Priester beschworen werden konnte und sein Lehrling wurde. Einen zweiten Bericht gibt van Eck ungefähr gleichlautend mit FRIEDRICH über den Diener des Priesters, der so lange die Weden, die dieser sprach, angehört hatte, bis er sie alle aus dem Kopfe konnte. Als eines Tages der Priester ein Fest in einem Dorfe leiten sollte, begab sich der Diener früher dorthin und begann die Zeremonien in derselben Weise zu leiten, wie er das gewöhnlich von dem Pedanda gesehen hatte. Als schließlich der Pedanda ankam und das schnöde Betragen seines Parekan gewahrte, wurde er schrecklich böse, worauf die Desabewohner, die durchaus der Meinung gewesen waren, dass ein richtiger Pedanda das Fest geleitet hatte und die nun erst den Betrug merkten, zum Priester sagten: „Vergib uns unsere Dummheit, Herr, „sengguh titiang padanda" (d. h.: wir dachten, dass er ein Priester wäre). Den Haarknoten oder Prutjut soll der Sengguhu früher genau wie der Priester auf dem Haupt getragen haben, aber jetzt hängt derselbe hinten. Die Ursache davon soll sein, dass I Guta zur Gefolgschaft des Pedanda Wau Rauh, des ersten Pedanda, der aus Matjapahit nach Bali gekommen war, gehörte. In Gelgel, wo der Pedanda Wau Rauh weilte, war damals auch ein Schmied, I Tusan, ansässig, der auf Bali als Patron aller Eisenschmiede bekannt ist und in der Waffenschmiedekunst sehr erfahren war.

Sengguhu I Guta machte den Pedanda Wau Rauh darauf aufmerksam, dass es doch unpassend wäre, dass ein Schmied, der so gefährliche Waffen herstellte, in der Nähe eines so heiligen Priesters wohnte. Er bestand auf dieser Meinung so lange, bis der Priester zugab, dass der Waffenschmied in einen einsamen Busch verbannt wurde. Lange Zeit danach brauchte der Priester einmal für ein großes Fest Messer, und da niemand die Kunst, diese herzustellen, verstand, sandte man zu I Tusan, der aber nicht geneigt war, zurück zu kommen, wenn I Guta ihn nicht persönlich abhole. Der Sengguhu erhielt den Auftrag, in den Busch zu gehen und nicht ohne den Waffenschmied zurück zu kommen. Als er nun in den Busch kam, traf er den Schmied an, aber der wollte nur mitgehen, wenn der Sengguhu ihn auf seinem Rücken zur Stadt tragen wolle. Während des Laufens hielt sich der Schmied am Haarknoten von I Guta fest, der infolgedessen auf den Hinterkopf hinab sank, und auf Befehl des Pedanda Wau Rauh musste er denselben ebenso weiter tragen, weil er ohne Ursache so viel Leid über den unschuldigen Waffenschmied gebracht hatte.

Der Sengguhu hat dieselben Attribute und trägt dieselbe Kleidung wie ein Shivapriester, wenigstens die Sengguhu, die ich gesehen habe. Es ist aber auch gut möglich, dass es noch hier und da einen Sengguhu gibt, der bei einem Pedanda-Buddha in die Lehre geht, nur kann man dagegen anführen, dass er nach seiner Abkunft ein Sudra ist, während die Buddhas ausschließlich Brahmanen sein sollen. Außer den bekannten Attributen des Sengguhu finden wir noch die Gentarang, eine Art Glocke (Klingel), die auf den Zeichnungen zu finden ist (S. 151), sowie die weiße Muschel cangkha oder Kul-Putih, über welche bereits gesprochen wurde. Dieser beiden letzten Attribute bedient sich jedoch nicht der Sengguhu, sondern nur seine beiden Helfer. In bestimmten Augenblicken, die mir noch nicht recht klar geworden sind, läutet der eine Helfer mit der Glocke, während der andere von Zeit zu Zeit seiner Muschel Klagetöne entlockt.

Außer dem Priester sind also zwei Personen vorhanden, die gottes-dienstliche Zeremonien ausführen: der Pemangku oder Tempelwächter, der sowohl allein im Tempel den Göttern Opfergaben, sowie auch neben dem Priester im Tempel die Banten Ring Sor-Opfer für die Butas darbietet, und ferner der Sengguhu, der, so viel ich weiß, nur neben den Priestern besonders für die Butas zu sorgen hat.

Ich denke mir den Zustand so: Als der Hinduismus auf Bali mehr und mehr an Boden gewann und die Zeremonien überwiegend hinduistisch wurden, konnten die Balier von ihren bösen Geistern nicht loskommen, da diese, wenn man ihnen das ihnen Zukommende entzog, fortgesetzt Elend und Krankheit in ausgiebiger Menge über ihre Häupter ausschütteten. Neben der Verehrung der Götter blieb also die Vorstellung: „Vergiss die Butas nicht", ebenso stark, dass außer dem Gottesdienst für die Götter ein Dienst für die bösen Geister bestehen bleiben musste. Die brahmanischen Priester haben den Buta-Dienst nicht abhalten wollen; die Personen, die früher damit beauftragt waren, haben die Zeremonien weiter gehalten, doch haben sich ihre Formeln und ihr Ritual mehr und mehr nach der Seite der Hindu verändert. Wie weit im Besonderen der Sengguhu noch derselbe ist, wie der Priester der heidnischen Balier und wie weit seine Formeln hinduistisch oder animistisch sind, wird noch ein Kundigerer untersuchen müssen, wobei das merkwürdige Attribut der weißen Muschel nicht gerade die geringste Mühe bereiten wird. Das Formelbuch, das ich von dem Sengguhu in Gianjar erhielt, lässt häufig an die Mantras der balischen Balians, sowie auch an die Mantras der Tenggereezen, denken. Nach den Mitteilungen des Priesters, der sein Lehrer (Guru) war, erhält der Sengguhu die Mantras aus den Händen des Lehrers, der wahrscheinlich zu diesem Zweck einen Auszug aus seinen eigenen Mantras hergestellt hat.

Nachdem wir nun den Gottesdienst des Volkes mit der Lehre der Brahmanen, so wie er bis heute von den Panditas getragen wird, verglichen haben, wollen wir diese Priester nun näher betrachten.

Das Leben der Priester.

Die Hindubevölkerung der Insel Bali kennt noch eine Unterscheidung der vier indischen Kasten: Sudra, Waisya, Ksatriya und Brahmanen. Die drei letzteren höheren Kasten fasst man gegenüber den Wong-Djaba, das heißt Sudras, unter dem Namen Triwangsa zusammen.

Die Triwangsa gehören zu den Dwidjati, das heißt zu den Wesen, die zweimal geboren werden, das erste Mal aus ihren Eltern und zum zweiten Mal, wenn sie die geistliche Weihe erhalten, und zwar entweder eine Weihe zu Lebzeiten oder eine Weihe nach dem Tode durch die Zeremonie, die der Pedanda bei ihrer Verbrennung ausführt.

Das gewöhnliche Volk hat den Namen: Ekadjati, das einmal Geborene. Eine Verteilung der Ämter sowie der Lebensweise nach den Kasten, zu denen die Bevölkerung gehört, hat man auf Bali nie gekannt. Man kann zahlreiche Beispiele nachweisen, in denen selbst Sudras die höchsten Ämter bekleidet haben, während wir nicht selten einen Brahmanen im Tagelohn bei einem vermögenden Sudra finden. Alle ohne Unterschied nehmen an den Landbauarbeiten teil. Kastenvermischung durch die Heirat eines Mannes aus höherer Kaste mit einer Frau niederer Kaste ist die Regel, ohne dass irgend eine Vorschrift es verbietet. Heiraten zwischen Frauen von höherer Kaste als der des Mannes fordern dagegen strenge Strafen und selbst die Todesstrafe, wenn eine Brahmanenfrau eine Ehe mit einem Sudra eingeht.

Die Frau verliert in solchen Fällen unerbittlich ihre Kaste und wird zur Kaste ihres Mannes degradiert, oder kommt ohnehin in die Sudrakaste. Infolge der erlaubten Kastenvermischung haben wir Unterabteilungen der Kasten erhalten, die bereits von Java nach Bali herüber gebracht wurden. Selbst die Sudras kennen wieder unter sich so viele Unterabteilungen, dass man sich kaum durch das Gewirr dieser sogenannten Unterkasten hindurch findet. Die Kaste der Brahmanen, mit der wir uns besonders beschäftigen wollen, hat nach FRIEDRICH die folgenden Gruppen:

Kamenuh-Brahmanen: Laut Überlieferung soll diese Gruppe von dem berühmten Priester Pedanda Wau Rauh abstammen, der aus Madjapahit gekommen war und eine Brahmanenfrau heiratete. Der Kamenuhzweig, von einem brahmanischen Vater und einer ebensolchen Mutter, also aus dem Brahmana-Brahmani geboren, ist also die reinste Gruppe.

Gelgel-Brahmanen stammen von demselben Pedanda und einer Ksatriyafrau aus der Puri Gelgel.

Nuaba-Brahmanen sind die Nachkommen einer dritten Ehe mit einer Ksatriya-Witwe, während die Mas-Brahmanen als Urmutter eine Waisya-Frau aus der Desa Mas im Reiche Gianjar hatten. Obgleich gegenwärtig Brahmanen aus diesen Gruppen Frauen aus den verwandten, aber nicht ebenbürtigen Unterkasten wählen oder sogar Frauen aus der Ksatriya- und Waisya-Kaste und recht häufig sogar Sudrafrauen heiraten, scheinen die Kinder aus solchen Ehen stets denselben hohen Grad wie der Vater zu behalten, wenn auch gerade früher eine Verteilung nach der Rangordnung der Gattin gemacht wurde.

Die Brahmanen bilden auf Bali nicht den größten Teil der Triwangsa, sondern sie sind vielmehr in der Minderheit. Viele von ihnen leben in nicht gerade rosigen Umständen. Manche brahmanischen Mädchen bleiben unverheiratet, weil sie nur einen ihnen ebenbürtigen Mann heiraten dürfen, und solche sind nicht gerade zahlreich, und es kommt hinzu, dass die Brahmanen-Männer in manchen Fällen eine Frau aus tieferer Kaste wählen. Daher kommt es, dass man die verbotene Kastenmischung unter Brahmanen-Mädchen doch manchmal findet, oder dass Brahmanen-Frauen ihre Kaste abwerfen, um ungestraft eine Ehe nach eigener Wahl eingehen zu können. Die öffentlichen Ämter werden meistens nicht durch Brahmanen ausgeübt. Nur im Bezirk Buleleng (Nordbali) sind einige der höheren Verwaltungsbeamten Brahmanen. Man dürfte deshalb von der höchsten Kaste keinen großen Einfluss erwarten können. Wir dürfen aber auch nicht vergessen, dass aus dieser Kaste die Priester hervorgehen, und dass es kaum eine Brahmanenfamilie auf Bali gibt, die nicht einen Priester zu ihrem Mitglied zählt.

Diese Priester, die als Geistliche das unentbehrliche Weihwasser an Hoch und Niedrig verkaufen, die als Ärzte, als Leiter der Verbrennungsfeste, als Lehrer der vornehmen Balier und besonders der Häuptlinge und Regenten, deren Hauspriester sie sind, und die schließlich auch als Richter im einheimischen Gericht (dem Rat von Kerta) einen großen Einfluss zum Guten und zum Schlechten ausüben können – diese Priester sorgen dafür, dass die Brahmanenkaste das Ansehen behält, auf das sie Anspruch zu haben glaubt. Sie sehen nicht müßig zu, wenn ihre Vorrechte gegen die eigentliche Absicht verletzt werden, dieselben können ein unentbehrlicher Halt für Jene sein, die mit vorsichtiger Ehrerbietung versuchen, die einmal erworbenen Privilegien allmählich und in Übereinstimmung mit den Forderungen der Zeit abzuändern.

Außer den Priestern der Brahmanenkaste, den Brahma-Resi, kennen wir noch die Radja-Resi, Pedandas aus der Ksatriya- und Waisya-Kaste. Die Sudras, die sich der Reinigung unterziehen und dann auch cuci (=sutji) werden, bringen es nicht weiter, als bis zum Dukuh.

Paswara Nr. I sagt in den Lombok'schen Fürsten-Edikten, dass alle Mitglieder der drei Kasten durch Studium und Zeremoniell die Priesterschaft mit allen damit verbundenen Vollmachten der Durchführung geistlicher Handlungen sowohl für sich selbst, als auch für Andere, sowie auch die Sorge für das Seelenheil der Gestorbenen erwerben können.

Es ist möglich, dass auf Lombok diese Anordnung besteht. Auf Bali kann die Leitung der großen Feste nicht den Radja-Resi übertragen werden. Sie dürfen das Weihwasser, die Toja-Tirta, lediglich an Mitglieder ihrer eigenen Kaste oder an niedere Kasten abgeben, und sie dürfen die Weden nicht besitzen, sondern lediglich die Mantra-Pacutjian.

Sudras werden nicht zur Weihe, zur Madiksa, zugelassen, das heißt nur mit einer einzigen Ausnahme, wenn nämlich die Frau des Priesters selbst Sudra ist. In diesem Falle wird sie zur Priesterin geweiht, aber ihre Zuständigkeit bleibt dann auf ihre eigene Familie beschränkt und auch das nur solange diese lebt. Den Totendienst darf sie für dieselben nicht halten. Die nichtbrahmanischen Priester unterscheiden sich weder in Kleidung noch in Attributen von ihren brahmanischen Amtsgenossen. Sie erhalten ihre Ausbildung durch einen Brahma-Resi, aber sie erhalten, wie schon oben erwähnt, viel geringere Befugnisse. Falls sich nun doch ein Priester verleiten lässt, ihm verbotene Zeremonien abzuhalten, so wird er bestraft und seiner priesterlichen Würde für verlustig erklärt.

Ein Kandidat, der ernstlich daran denkt, Priester zu werden, wenn auch in der fernsten Zukunft, muss schon frühzeitig beginnen, für sich selbst die heiligen Bücher, die jedem lernbegierigen Balier offen stehen, zu studieren. Ich habe brahmanische Distrikthäuptlinge gekannt, die Jahr für Jahr damit beschäftigt waren, an jedem Tag, sobald es ihre Amtsgeschäfte zuließen, in den Priesterbüchern zu lernen und trotzdem noch garnicht daran dachten, während der nächstfolgenden 10 Jahre die Weihe zu erwerben. Ebenso ist mir ein Priester bekannt, der sofort, nachdem er die untere Schule beendet hatte, mit dem Studium der Bücher anfing und bereits in seinem 25. Lebensjahre zum Priester geweiht wurde. Die meisten Brahmanen warten, bis sie die mittlere Periode ihres Lebens hinter sich haben. Sittsamkeit ist die erste Eigenschaft eines guten Priesters, aber eine lästige Pflicht für einen lebensfrohen Balier. Wer zum Priester geweiht ist, darf keine neue Ehe mehr eingehen, während eine ganze Reihe von Verboten auf dem Gebiete der Speise und des Trankes Viele zurückhalten, während ihrer jugendlichen Lebenszeit das Priesterkleid anzuziehen.

Die Bücher, die gewöhnlich gelesen werden, sind die sogenannten Purana-Schriften, das Brahmanda und die Casana's, sowie Resi-casana, Raja-casana, Mantri-casana, Ciwa-casana, Brati-casana, ferner das Dacacila, das Widija-Pepintjatan und das Brahma-Mukta. Später, um den Zeitpunkt der Weihe, kommen dann noch die Weden hinzu, über die gleich nachher gesprochen wird.

Ungefähr alle Bücher werden bis heute noch auf Blättern der Lontarpalme eingeritzt, sie müssen nach Verlauf von Jahren neu übergeschrieben werden, und diese Arbeit verlangt eine hohe Gewissenhaftigkeit und Sorgfalt und vor allen Dingen Sprachkenntnis, aber leider wird diese Arbeit teilweise Unwissenden überlassen, sodass die Texte beinahe unkenntlich entstellt worden sind und besonders die vielen unverstandenen Sanskritworte sind vollständig durcheinander geworfen, falsch verbunden und auseinandergerissen.

In dem Beitrage des Herrn R. NG. PURBATJARAKA werden bezeichnende Beispiele davon vorgelegt werden.

Eine Besprechung aller Priesterbücher würde die Grenze der vorliegenden Arbeit weit überschreiten, aber eine besondere Studie über dieselben würde sehr der Mühe lohnen. Eine Vergleichung zwischen der Theorie der Bücher und der Praxis des Lebens dürfte darin nicht fehlen.

Die Priester des Rates von Kerta in Bangli haben für mich im Jahre 1920 die vorhin genannten Bücher übergeschrieben und sämtlich mit einem Inhaltsverzeichnis versehen, aus dem ich hier so viel entnehmen werde, wie nötig ist, um eine Vorstellung zu geben von den Pflichten und Schriftkenntnissen, die den Priestern auferlegt werden.

Das Dacacila gibt 10 Stufen des heiligen Lebens: Tapa, Yoga, Brata, Samädhi, Canta, Sommatamaitri, Karuna, Karuni, Mudität und Tomeksa. Die Aufzählung dieser 10 Arten von guten Werken kann man auch bei einer Reihe von anderen Autoren finden.

Im Shivacasana finden wir Vorschriften für diejenigen Personen, die sich zum Priesteramt vorbereiten, das durch die Namen Napodgala, Madiksa oder Mapurohita angedeutet wird und die sich nun einen Lehrer, einen Guru oder Nabhe, wählen wollen, und hierauf folgen dann die Regeln für die Priester gegenüber ihren Lehrlingen (Schülern), die Sisia genannt werden. Bevor ein Priester einen Schüler annimmt, soll er das Betragen und den Lebenswandel des Kandidaten prüfen und vor allen Dingen soll er untersuchen, wie der künftige Priester sich gegenüber den sieben Punkten verhält, die im Shivacasana angedeutet werden durch Shiva-Siddhanta, Wesnana, Pacupati, Lepaka, Canaka, Ratnahara und Cambhu.

Diese Aufzählungen kommen auch bei VAN DER TUUK in dessen Kaw.-Bal. Wörterbuch vor unter einem Zitat aus dem Braticasana und lauten wie folgt:

„Niha sang hijang ciwacasana kajatnakena di Sang watek sadhaka makakehan sahanira para dang atjarija", und dann folgen die sieben Punkte. Wenn der Geprüfte ein gutes Betragen hat, im mittleren Lebensalter steht und eine genügende Kenntnis der priesterlichen Wissenschaften besitzt, kann er als Schüler angenommen werden.

Wenn ein Priester als Moha oder als Mada (Übermütiger) bekannt ist, ergeben sich daraus wiederum fünf andere Fehler. (Auf Bali versteht man unter Moha Jemanden, der den Freuden des Lebens nachjagt, während KATS in seinem Kamahäyänikan für Moha Unwissenheit angibt.) Diese Fehler sind: Dhurta, das bedeutet im allgemeinen verbrecherisch; Murkha ist Habsucht; Katungka oder Scheinheiligkeit Csich anders geben, als man ist oder als man es meint); Irsyä bedeutet Neid; Mätsaryya bedeutet Abgunst. Derartige Fehler eines Schülers sind eine Sünde gegen den Lehrer, der einen solchen Schüler zur Ausbildung aufnimmt, weil dessen Reputation durch das Betragen des Sisia's befleckt wird. Ein Priester der sich so verhält, wird im Jenseits der Peinigung und der Strafe nicht entgehen. Niemand wird ihn als Lehrer haben wollen.

Ausgeschlossen von der Priesterschaft sind Alle, die Cucaka sind, d. h., die schon einmal eine entehrende Strafe erhalten haben, und ferner auch solche Menschen, die einen körperlichen Fehler haben (kub jangga), d.h.: bucklig, verkrüppelt, einäugig etc. sind.

Ebenso die Überreizten, ferner die Aussätzigen und Wahnsinnigen, Alle, die an Fallsucht leiden und im Allgemeinen die Mahaduhkita.

Der Lehrer muss jederzeit mit Sorgfalt über seinen Sisia wachen, muss ihm stets behilflich sein, ihn leiten und in allem ein Vorbild sein.

Wenn ein Priester aus Unwissenheit einen Fehler begeht, weil sein Guru ihm nicht die genügende Unterweisung gegeben hat, kann er deshalb nicht bestraft werden.

Hat er dagegen vorsätzlich, d. h. gegen besseres Wissen, die ihm von seinem Lehrer gegebenen Vorschriften vernachlässigt, so wird ihm der Fehler nicht verziehen, sondern in ernsten Fällen wird ihm sogar seine Würde aberkannt. (Putja oder Panten.) Guru Talijaka heißt es in den Büchern.

Im Berati-Casana finden wir die 10 Gebote des Yama-Brata und des Niyama-Brata. Hierin finden wir also eine Unterabteilung der indischen Yoga-Übung, die äußere Zügelung mit Bezug auf die Welt und die innere Zügelung des Menschen selbst.

Die äußere Zügelung umfasst das Yama-Brata und die innere Zügelung umfasst das Niyama-Brata.

Das Yama-Brata in Indien umfasst die Vorschrift, kein Geschöpf zu schädigen, nicht zu lügen, nicht zu stehlen, ein keusches Leben zu führen und keine Geschenke anzunehmen.

Im Berati-Casana zählt das Yama-Brata folgende Punkte auf: Angingsa heißt: Du sollst nicht töten. Satija heißt: Du sollst (in Deinen Worten) wahr sein. Asteija heißt: Du sollst nicht stehlen (tan tjidra ring drewejan ing len). Brahmacarija heißt: Du sollst ein keusches Leben führen. Awijawahara heißt: Du sollst keinen Streit haben, eigentlich Du sollst nicht handeln. Wir sehen also fast wörtlich dieselben Gebote wie in Indien.

Die innere Zügelung in Indien, das Nijama-Brata umfasst: Reinheit, sowohl im Ritual als in der Moral; Zufriedenheit; Askese (Tapa, Unempfindlichkeit gegenüber Wärme und Kälte), Studium der Texte, und Studium der Lehre von der Befreiung, sowie Hingabe an das höhere Wesen.

Auf Bali verlangt das Niyama-Brata: Abhra Laghawa heißt: Man soll unreine Speisen vermeiden, oder wörtlich gesagt: Mach nicht leicht, was schwer ist (tan barang ring pangan). Akrodha: Zürnt nicht, seid zufrieden. Cutja: Reinheitslehre (cutji atjamana ring Bhatara). Apremada heißt: Man soll eingedenk der Lehre bleiben, tan pale-paleh mengabiasa sang hijang kabuddhjangan. Guru Srusrusa: Man soll mit seinem Guru gleichen Sinnes sein (let karaket ing guru). Wenn ein Priester auch nur eines dieser Gebote nicht hält, so soll er als ein candala betrachtet und seine Würde soll ihm aberkannt werden.

Mit Bezug auf die Speisegesetze wird noch vorgeschrieben, dass es den Priestern verboten ist, die folgenden Dinge zu genießen: Menschenfleisch, Fleisch von Affen, Rindern, Tigern, Elefanten, Hunden, zahmen

Schweinen, Löwen, Krokodilen, Kukujuh (Seefischen), Mäusen, Schlangen, wilden Katzen, Wihung (Fröschen), Blutegeln, stechenden Insekten, Krähen, Dedoks, Buschhähnen, Schildkröten, Igeln und ähnlichen Tieren.

Ebenso wenig darf der Priester Opfergaben, die Dadjen Tjaru, essen. Wenn er das doch tut, verliert er sein Amt. Auch der Gebrauch von Alkohol ist ihm verboten. Wenn er ohne Absicht das Trinkverbot übertreten hat, ist er verpflichtet, sich zu reinigen, indem er ein Slamatan, Maprajaccita abhält und im Haustempel einige Opfergaben anbietet.

Speisen, die ein Kranker, ein Aussätziger, ein Candala oder ein von Gott Gezeichneter (Tjhedängga) bereitet hat, darf er nicht essen. Ebenso wenig Opfergaben von einem Totenfest (sadji ing wongpati). Einen Streit darf ein Priester nur führen, wenn es sich um seine Familie oder seinen Lehrer handelt.

Dieses Verbot hat während meiner letzten Amtsführung zu bedauernswerten Handlungen Anlass gegeben. Vor den Rat von Kerta kam ein Streit zwischen dem Vetter eines Priesters A. und dem Bruder eines Priesters B., während A. der Guru des Pedanda B. war und gleichzeitig Richter in dem genannten Rate war.

Da die Sache nicht voran kam, wie A. es wünschte, und der Priester B. ebenfalls in den Streit hineingezogen wurde, hatte A. seinem Schüler, dem Priester B., das Konzessionsschreiben entzogen, mit anderen Worten, er hatte ihm seine priesterliche Würde weggenommen, weil er sich seinem Lehrer widersetzte.

B. hatte sich alsdann an einen Priesterrat gewandt, der unumwunden erklärte, dass der Guru kein Recht gehabt hätte, aus diesen Gründen dem Sisia sein Priesteramt zu nehmen.

Wir sehen hieraus also, wie das eigene Interesse selbst bei Priestern so weit gehen kann, dass sie die heiligen Vorschriften mit Füßen treten.

Ein Priester darf in einem Warung, d. h. in einer Verkaufsstätte, nicht niedersitzen, selbst nicht, um dort Schutz gegen Sonne oder Regen zu suchen. Im Dewacasana wird dasselbe Verbot erwähnt, und es wird noch hinzugefügt, dass der Priester auf dem Markt weder essen noch einen Wortwechsel führen darf.

Aus dem Lontar Shiwakrama erwähne ich, dass der Priester gegen seinen Lehrer keine zu geringe Liebenswürdigkeit an den Tag legen, ihn selbstverständlich nicht tadeln, rügen oder schmähen darf; er soll nicht in seine Fußstapfen treten, wenn er in seine Wohnung hineingeht.

Er soll seinem Nabhe nicht den Rücken zukehren, doch soll er nach Möglichkeit immer hinter ihm bleiben.

Er darf nicht auf dem Sitzplatz seines Lehrers Platz nehmen, darf seine Worte nicht in Zweifel ziehen und muss von einem höheren Sitzplatz herabkommen, wenn er seinen Guru sieht. Von einem Sisia, der an einsamen Orten, wenn kein Dritter zugegen ist, seinem Guru die schuldige Ehrerbietung beweisen will, dies jedoch offenbar aus falscher Scham unterlässt, sagt man: wiku ambalikakenrat.

Im Resicasana lesen wir: Der Sisia soll weder die Frau noch die Tochter seines Lehrers zur Ehe nehmen, denn er ist sein Vater geworden. Nach dem Dewacasana darf er auch dessen Sklavin nicht zur Frau nehmen.

Er darf das Feuer nicht mit einem Fächer anfachen, ohne zuvor einen Sembah zu machen.

Er darf keinen höheren Platz einnehmen als sein Lehrer, ohne zuvor einen Sembah zu machen. (Es ist eine allgemeine Höflichkeit in Indien wenigstens, sowie auf Java, dass ein Bedienter, der auf seine Manieren hält, sich niemals auf einen Stuhl stellen wird, um z.B. eine Lampe anzustecken, ohne zuerst vor allen Anwesenden einen Sembah gemacht und Entschuldigung erlangt zu haben für die Unverschämtheit, sich über dieselben zu erhöhen.

Der Sisia darf den Namen seines Lehrers nicht aussprechen, wenn er nicht seine Stimme verlieren will. Falls er sich nach seinem Guru umsieht, soll er mit Blindheit geschlagen werden. Wenn er auf ihn hinzeigt, so soll sein Finger abbrechen. Wenn der Schüler vor seinem Nabhe erscheint, soll er nicht mit leeren Händen kommen, und falls er nichts besitzt, soll er wenigstens auf jeden Fall Brennholz, Kräuter und Bawakanblätter mitbringen. Wenn der Guru vom Sisia eingeladen wird, so soll er die Einladung mit dem Anbieten von Opfergaben (Sadjen-Peras) begleiten, welche bei Gelegenheit einer Adoption allgemein gebraucht werden, sowie mit Weihrauch; diese Opfergaben werden Sesari-Dewa genannt.

Nach dem Lontar Pantjasiksa teilt man die Priester nach dem Grade ihrer Frömmigkeit in drei Gruppen: Cuklabrahmacari, Sawalabrahmacari und Tresnabrahmacari. In den Beiträgen T.L.V. von Niederländisch-Indien, Teil 65, unterscheidet auf Seite 8/40 J. C. VAN EERDE dieselben Arten von Brata, während LIEFRINCK noch einen vierten Grad kennt, die Grehasthabrahmacari. Von einem jungen Mann, der noch nicht verheiratet war, als er die Priesterweihe empfing und auch später keine Ehe einging, sagt man, dass er den Grad des Cuklabrahmacari erreicht hat. Das ist also der Grad der absoluten Enthaltung auf dem Sexualgebiet.

Sawalabrahmacari ist zufolge der Pantjasiksa der Priester, der von Anfang an nur eine Frau geheiratet hat und auch keine zweite Frau mehr nimmt, wenn er die erste verliert.

Tresnabrahmacari gilt für den Pedanda, der zwar mehr als eine Frau besitzt, jedoch bei Vollmond und dunklem Mond oder zur Zeit der Regel keine Gemeinschaft mit ihnen hat, ihren Körper nicht berührt, nicht mit ihnen spricht, von ihnen bereitete Speisen nicht zu sich nimmt, und der weder Honig noch Schmalz oder Milch vom Rind, noch auch allerlei Früchte zu sich nimmt, oder während nächtlicher Stunden speist.

Eine andere Erklärung und zwar eine, die mich besser befriedigt, finden wir bei LlEFRINCK in den Landesgesetzen von Lombok, wo der Tresnabrahmacari an Stelle des Sawalabrahmacari im Pantjasiksa steht, nämlich der Priester mit nur einer Frau, der sich nicht wieder verheiratet, wenn er seine Frau verliert.

Cuklabrahmacari ist auch hier vollständige Enthaltung. Unter Sawalabrahmacari versteht man dort die Brata eines Priesters, der nach der Weihe mit seiner Frau oder seinen Frauen keine Gemeinschaft mehr hat.

Der vierte Grad, Grehasthabrahmacari, wird denjenigen Priestern zuerkannt, die keine Keuschheitsgelübde abgelegt haben, und wir können mit ganz ruhigem Gewissen wenigstens 90% der Priester auf Bali hierhin rechnen.

In der Beraticasana werden Vergehen verboten, die in jedem allgemeinen Gesetzbuch der Menschen verboten sind, während im Dewacasana noch einige Vorschriften enthalten waren, die wir hier oben bereits angeführt haben.

Der Lontar Widiyapepintjatan ist endlich ein Buch, das für die Brahmanen im allgemeinen spezialisiert ist.

Wir sehen eine lange Reihe von Vorschriften, die das Leben der Brahmanen und Priester beschränken und deshalb viele Leute abhalten, den Priesterstab schon in zu früher Jugend zu verlangen.

Es versteht sich von selbst, dass alle diese Verordnungen im Leben nicht gerade sorgfältig befolgt werden und dass man nicht einmal versucht, dieselben zu befolgen. Verschiedene Befehle sind zwar den Priestern sehr wohl bekannt, aber trotzdem tote Buchstaben geworden. Viel hängt in dieser Hinsicht wiederum vom Einzelnen ab. Je strenger der Pedanda die Vorschriften, besonders auch mit Bezug auf die sexuelle Enthaltsamkeit befolgt, desto heiliger ist er in den Augen der Balier, die ganz genau wissen, was für einen Kampf er geführt haben muss.

Das Beispiel, das ich aus Bangli gegeben habe, wo ein Guru-Richter seine Stellung missbrauchte, um seinen Sisia in ziviler Hinsicht zu zwingen, auf seine Seite zu treten, beweist wohl schon genügend, dass auch unter dem Korn auf Bali Spreu vorkommt.

Wenn der Brahmane glaubt, dass er mit Bezug auf das Bücherstudium genügend unterrichtet ist, und wenn er den ernstlichen Wunsch in sich spürt, den Priesterstab zu tragen, dann erst sieht er sich gewöhnlich nach einem Lehrer oder Nabhe um.

In Klungkung, erzählte mir der dortige Pedanda Pidada, sucht der Kandidat sofort einen Guru, wenn in ihm der Plan, einmal Priester zu werden, gereift ist. Dort wartet er nicht so lange, bis er mit dem Studium der Bücher fertig ist. Wenn der Kandidat zur Kaste der Kamenuh-Brahmanen gehört, wird er auch vorziehen, einen Guru von gleichem Range zu wählen (tunggil kewangsaän).

Dieser, der dann weiter seinen Unterricht besorgen wird und deshalb auch wohl Guru Waktija genannt wird, soll ihn später bei der Weihe als Sohn adoptieren und deshalb ist es auch wesentlich, dass der Sisia und der Guru von gleicher Kaste sind. Nach Mitteilung einiger Priester besteht übrigens auch noch eine gewisse Verschiedenheit zwischen der Amtsführung eines Pedanda Kamenuh und eines Pedanda Nuaba.

Der Pedanda Nuaba zeichnet beispielsweise bei der Leichenverbrennung eigenhändig die Zeichnungen und Inschriften auf den Kadjang der Leiche, auf den Prijuk und auf den Peripih. Der Pedanda Kamenuh wird diese Arbeit auf Andere, auf Familienmitglieder übertragen.

Der Pedanda Nuaba wird bei keiner Leichenverbrennung zugegen sein, bei der keine Leiche mehr anwesend ist, sondern wo an Stelle derselben nur eine Puppe verbrannt wird. Der Pedanda Kamenuh dagegen wird gegen das Abhalten einer solchen „Ngaskara" Feier nichts einzuwenden haben.

Wenn der Schüler durch die Weihe der Sohn seines Lehrers wird, muss er der ganzen Familie desselben und seiner Frau im besonderen, auch wenn diese ein Sudra ist, die schuldige Ehrfurcht erweisen. Der Lehrer, zu dem man geht (Masurud oder Masurud Aju), muss ein Mann sein, dessen Name und Gelehrsamkeit einen guten Klang erworben haben. Häufig wählt man einen Priester aus einer Familie, die dem Kandidaten bereits durch Verwandtschaft nahe steht. Der Kandidat bringt dann nach einiger Zeit gemeinschaftlich mit seiner Frau oder seinen Frauen bei diesem Lehrer einen offiziellen Besuch an, um ihm mitzuteilen, dass sie gern als Sisia aufgenommen werden möchten. Wenn die Frau des Sisia die Weihung nicht wünscht, dann muss die Ehe getrennt werden und in einem solchen Fall kehrt die Frau zu ihren Eltern oder zur Familie zurück.

In der Fürstenzeit auf Lombok wurde die Brahmanenfrau, die eine Weihe nicht wünschte, dem Landesherrn übergeben und dann verbannt, während eine nichtbrahmanische Priesterfrau auf Grund des Purwadigama und des Shivacasana vom Fürsten getötet wurde.

Ich habe selbst einen Fall mitgemacht, bezüglich der brahmanischen Ehegattin des ehemaligen Distriktshäuptlings von Djinengdalem in Buleleng. Der Distriktshäuptling verlangte die Priesterweihe und seine Gattin lehnte diese ab. Die Ehe wurde geschieden.

Eine verheiratete Frau kann die Priesterweihe verlangen und wird diese auch erhalten, selbst wenn sie noch in der Zeit der Menstruation ist; sie darf jedoch die Weden nicht in Priesterkleidung lesen; erst vier Jahre, nachdem die Menses ausgeblieben sind, darf sie die Priesterkleidung beim Lesen der Weden tragen. Eine Priesterin, die mit einem Brahmanen verheiratet ist, der kein Priester ist, darf den Weda nicht lesen, keine Opfergaben bereiten und kein Weihwasser verteilen. Ich nehme an, dass dabei vorausgesetzt wird, dass die Priesterin durch die Gemeinschaft mit einem Nichtpriester, das heißt also mit einem Mann, der noch nicht Cuci ist, selbst wieder unrein wird und deshalb die heiligen Zeremonien nicht abhalten kann.

Wenn der Mann und die Frau beide erklärt haben, dass sie dem Unterricht des Pedanda folgen wollen und eines Tages die Weihe nehmen möchten, wird der Priester ihnen mitteilen, dass er geneigt ist, diese Last auf sich zu nehmen. Er wird sie darauf hinweisen, dass sie sich künftig rein halten müssen und in den heiligen Büchern lernen sollen. Sie sollen sich keines Frevels und später zu nennender Vergehen schuldig machen, weil sie über alles ihrem Guru Rechenschaft abzulegen haben. Die Sisias kommen dann hin und wieder zu ihm, bringen ihm bei diesen Gelegenheiten kleine Geschenke mit, wie das im übrigen auf Bali bei allen Besuchen üblich ist.

Es wird über den Inhalt der Bücher gesprochen, im Hersagen derselben wird Unterricht erteilt, aber nach Mitteilungen der Priester hat diese Unterweisung durch den Lehrer nicht viel zu bedeuten, denn die meisten Schüler sind schon von vornherein über alle Vorschriften vollkommen unterrichtet. Die Hauptsache ist die Weihe selbst.

Ob diese Mitteilungen aber durchaus richtig sind, bezweifle ich sehr. Ich glaube vielmehr, dass viel intimere Beziehungen als diese einfachen Besuche zwischen dem Guru und seinem Schüler bestehen. Wenn wir gleich beweisen werden, wie außerordentlich tief die Lehre bei den Priestern geht, dann ist es nicht anders möglich, als dass ein inniger Kontakt zwischen den beiden Parteien besteht, eine Beziehung, die man aber nicht gern offenbaren will, weil diese einen tiefen Zusammenhang hat mit ihrer geheimen Glaubenslehre.

Der Lontar-Silakramajukti verlangt auch, dass der Priester genau feststellt, ob sein Schüler die Schrift wirklich kennt, weil ja eine gegenseitige Verantwortlichkeit vorhanden ist. Der Schüler bürgt für seinen Lehrer und dieser wiederum für seinen Adepten, was in dem Lontar ausgedrückt wird durch die Worte: bangbang guru, bangbang sisia.

Die Priesterweihe oder die Weihe im allgemeinen wird als Inkarnation von Brahma auf Erden betrachtet und heißt Madiksa, abgeleitet von Adiksa, mit der Bedeutung: zum Schüler haben. Dieser Ausdruck findet sich auch in einer Aufzeichnung eines balischen Gelehrten im Lontar Calon-Arang mit Bezug auf die Weihe von Erlanggia (Hss.Brandes: Koll.573).

Die Weihe wird auch als Mapodgala bezeichnet, ein Wort, das von Podgala (Pudgala) stammt, und nach VAN DER TUUK ein Beiname für Shiva ist. SPEYER teilt in der indischen Theosophie auf Seite 152 mit, dass die ehrwürdigen Väter der buddhistischen Kirche die Bezeichnung „Pudgala" dem „Ich-losen Individuum" verleihen, das heißt, dem Menschen, der gestorben ist und dessen Skandhas untergegangen sind; aber durch die Kraft seines Karmas sind neue Skandhas geschaffen worden, um sofort als ein neues Wesen wiederum zum Vorschein zu kommen und alsdann zu sterben, um endlich die Arhatschaft zu erwerben, womit das Karma zu bestehen aufhört und die Möglichkeit der Wiedergeburten abgeschlossen ist. Nach diesem Tode als Arhat ist dann der Mensch vollkommen erlöst, alle seine Skandhas und jede Existenzmöglichkeit ist vernichtet – er ist Pudgala, – ein Ich-loses Individuum geworden.

Ob die Balipriester diese Bezeichnung ebenfalls kennen und deshalb die Lehre und Weihe als Mapudgala bezeichnen? Es ist nicht unmöglich. Ihre Lehre und Weihe verwendet alle Mittel, welche der Mensch benutzen kann, um die endliche Befreiung, das Kamoksan, zu erreichen.

Eine dritte Bezeichnung für die Weihe lautet: Mawinten, das wahrscheinlich von Pawinten abzuleiten ist, einer Kramaform von Pawitra und das bedeutet: sich geistig reinigen, um bei dem Lesen der für heilig gehaltenen Bücher (Parwwa's etc.) nicht wegen Heiligtumsschändung bestraft zu werden. Diese Mawintenweihe geschieht im Tempel durch einen Pedanda, der mit einer frischen Tjempakablume und Honig auf die Zunge des Adepten ein mystisches Wort schreibt. Der Dalang, (Vorspieler bei den Wajang-Aufführungen) macht ebenfalls diese Mawintenweihe durch und darf alsdann z.B. den Calon-Arang aufführen und den Prutjut – den Haarknoten – tragen. Ebenso der Sengguhu, über den schon oben gesprochen wurde. Die Leichen von Personen, welche die Mawintenweihe erhalten haben, werden beim Menjepi nicht aus dem Hause fortgeschafft, wie es bei anderen Leichen der Fall ist. Das ist ein Beweis, welche große Bedeutung der reinigenden Kraft der Mawintenweihe zugeschrieben wird.

Die offizielle Anfrage und Aufforderung an den Lehrer, der durch die Weihe aus dem gewöhnlichen Brahmanen einen Ida Gde machen soll, als Sohn angenommen zu werden, findet am Tage der Weihe selbst statt, wobei einige Adoptionszeremonien unter Darbietung von Adoptionsopfern (Banten Peras) stattfinden. Nach dieser Adoption ist der Priesterlehrer in Wirklichkeit der Vater seines Schülers geworden. Der Grad der Blutsverwandtschaft wird so ernst aufgefasst, dass eine Ehe zwischen dem Sisia und einer Tochter des Lehrers als Blutschande (Gamija) betrachtet und bestraft würde.

In der Wohnung (Grija) des Lehrers nimmt dieser nach der offiziellen Anfrage und Aufforderung zur Adoption noch einmal seinen Schüler vor und erinnert ihn ernsthaft an die Pflichten, an die Erhabenheit des Priesteramtes und fordert ihn auf, stets der empfangenen Belehrungen zu gedenken. An demselben Tage wird ihm das Pelukatanwasser angeboten, wobei mit dem Isuh-Isuh (Alang-Alang-Sprossen) das Weihwasser rund um ihn ausgesprengt wird. Das Pelukatanwasser ist ein Mittel, Unglück und Unreinheit abzuwaschen. Unter Lukat-Anglukat oder Ngelukat verstehen wir denn auch das Fortnehmen eines zeitweiligen Zustandes, in dem jemand beispielsweise infolge eines ausgesprochenen Fluches verharrt. Ebenso die Befreiung eines Menschen, der eine ungeheuerliche Gestalt angenommen hatte, durch den Tod. Das Pelukatanwasser steht tiefer als das Weihwasser, Toja-Tirta.

Den Sudras ist es laut LIEFRINCK nicht erlaubt, höher als bis zum Pelukatanwasser zu gehen: Sie dürfen das heilige Dudus-Wasser nicht selbst machen oder machen lassen, sondern dürfen dasselbe nur gebrauchen, wenn es ihnen geschenkt wird von Menschen, die dieses Wasser herstellen dürfen.

Durch das Pelukatanwasser, das der Lehrer seinen Sisia's gibt und durch das Banten-Tetebasan, (die sogenannten Abkauf- und Einlösungsopfer) werden die Sünden aus einem früheren Leben abgekauft oder eingelöst, sodass ein ganz neues und reines Leben begonnen werden kann. Von jetzt an kann der junge Priester also ebenfalls als Cuci, d. h. gereinigt, bezeichnet werden.

Als Wong-Cuci darf er sich jetzt wie ein Lehrer kleiden. Er zieht ein weißes Unterkleid an und dreht das Haupthaar in einen Knoten auf dem Scheitel zusammen. Bei dieser Gelegenheit gibt der Schüler seinem Guru Geschenke, z. B. einen Haufen Kains; „Kains" sind einheimische Gewebe (Tücher), ein vollständiges Essgerät, ein Bett mit Zubehör, einen Sonnenschirm und einen Wanderstab. Wenn der Schüler wohlhabend ist, werden diese Geschenke dementsprechend mehr oder weniger kostbar sein. Zum Schlüsse bietet der Schüler seinem Guru die sogenannten Djauman-Opfer an. Mit dem Worte Djauman bezeichnet man auch das Geschenk, mit dem auf Bali ein Jüngling ein Mädchen zu gewinnen sucht.

Die eigentliche Weihe findet am folgenden Tage statt und wird von dem Kandidaten im Haustempel, dem Pameradjaan, gegeben. Dort ist zu diesem Zwecke der Sanggar-Tawang und der Sanggar-Trimurti errichtet worden. Diese Opferaltäre sah ich auch bei anderen großen Festen, u. a. auch bei dem Dreimonatsfest, das für einen Säugling gegeben wird. Der Sanggar-Tawang ist höher als der ebenfalls häufig gebrauchte Sanggar-Tutuhan, der erste besteht aus drei Abteilungen, der letzte nur aus einer Vertiefung. Beide werden aus Bambus oder Pinangstämmen als Opfertisch angefertigt.

Der Pedanda-Guru liest hier die bezüglichen Wedatexte, den Weda-Shivaastawa, Suryyaastawa und Guruastawa vor. Unter den Opfergaben treffen wir auch wiederum den Banten-Tetebasan an. Der junge Priester wird gebeten, einzutreten und macht vor dem Sanggar-Tawang, den Sanggar-Trimurti und vor der Sonne einen Sembah, um diese als Zeugen anzurufen. Dann erscheint er vor seinem Nabhe, der den Fuß auf seinen Kopf setzt (Metapakan), wodurch die Untertänigkeit des Sisia seinem Lehrer gegenüber, seinem zweiten Vater, angedeutet werden soll.

Der Sisia wäscht die Füße seines Mentor und gibt ihm den Fußkuss (er beleckt seinen Fuß). Die Mitteilung von FRIEDRICH, dass der Sisia das Waschwasser seines Lehrers trinken soll, scheint nicht richtig zu sein. Der Pedanda Pidada von Klungkung sagte mir, dass ein solches Trinken unmöglich gefordert werden könnte, denn der Kandidat als Wong-Cuci würde sich aufs Äußerste verunreinigen durch das Trinken von schmutzigem Waschwasser, auch wenn dasselbe für die Füße seines Priesterlehrers gebraucht worden wäre.

Dieser flüstert inzwischen unverständliche Gebete, das sogenannte

Maweda-Singid, und dann wird wiederum Pelukatanwasser angeboten, während der Lehrer Mantras spricht.

Die vorhandenen Opfergaben werden alsdann vor dem Guru hin und her bewegt, was bekanntlich als Ngajab-Banten bezeichnet wird, damit der Guru ebenso wie der Gott den Duft und das Beste vom Opfer genießen kann. Dieses Ngajab-Banten kann auch dadurch geschehen, dass man mit den Händen fächelnde Bewegungen über den Opfergaben ausführt. Weiter spricht dann der Lehrer die Mantra-Majaya-Jaya, zum Abwehren von Unheil und Missgeschick (Mertyun-Jaya).

Dann macht der Kandidat wiederum den Sembah vor seinem Nabhe und lässt darauf den Sembah-Wiku folgen. Das ist ein dreifacher Sembah, den nur ein Wong-Wiku machen darf, und der auch wohl Sembah-Nikel genannt wird.

Zuerst erhebt der Sisia seine Hand zum Himmel als Sembah gegenüber Suryya, der Sonne. Dann kreuzt er die Hände über der Brust als Sembah gegenüber seinem eigenen Körper und schließlich streckt er beide Hände aus zur Erde als Sembah gegenüber der Erde (Prethiwi).

Wenn alle Formalitäten verrichtet sind und wenn der Priester seine Weihe empfangen hat, findet drei Tage später noch ein Festmahl in der Wohnung des nunmehr geweihten Priesters statt und gegen Ende dieses Festmahles überreicht der Guru seinem Schüler noch ein Schriftstück, das sogenannte Suratpanugraha, das ist eine Bestätigungsurkunde, die mit einem gewissen Zeremoniell und mit Opfergaben in Gegenwart von Zeugen überreicht wird.

In der Fürstenzeit erhielten die Pedandas bei ihrer Erhebung vom Fürsten zwei Tenahs (Flächenmaß) als Sawah-Grund in Lehen. Noch vor sehr kurzer Zeit waren die Priester in Südbali befreit von einer Bodenabgabe (Tigasana). Seitdem soll bei der Einführung eines neuen Landrenten-gesetzes in dieser Hinsicht eine Veränderung eingetreten sein.

Es ist äußerst schade, dass ich erst während des letzten Jahres meines Aufenthaltes auf Bali hörte, dass die Priester ihren Kandidaten ein Surat-Panugraha überreichen. In der umfangreichen Literatur über Bali ist mir nicht die kleinste Mitteilung darüber begegnet, und ich muss deshalb annehmen, dass bis heute ein solches Schriftstück außerhalb Bali vollkommen unbekannt ist.

Ein Priester, der mir sehr zu Dank verpflichtet war, und mir seine große Dankbarkeit bei meiner Abreise nach Europa beweisen wollte, hat mir beim Abschied diesen Brief gezeigt und in meiner Wohnung eine Abschrift desselben gemacht, nachdem ich ihm versichert hatte, dass mir kein anderes Geschenk so willkommen wäre als gerade sein Surat-Panugraha.

Das Schriftstück war aufgezeichnet auf einem Stück Lontarblatt von ungefähr 20 Zentimeter Länge und 7 Zentimeter Breite. Die eine Seite war der Länge nach beschrieben und die andere der Breite nach. Das Schriftstück war in ein weißes Stück Baumwollstoff eingewickelt, in welchem die Balier stets ihre heiligen Gegenstände aufzubewahren pflegen. Die Schrift war reine Balischrift. Der Inhalt, wie ich denselben in meiner Abschrift, die ich mit dem Original verglichen habe, vor mir sehe, lautet in der verbesserten Umschrift wie folgt:

Om
kanihcreyasan pawak
sang hyang Jagatkarana.

Oeng	Mang	Ang
Wisnu	Icwara	Bramha
tikta	tuli(?)	hrdi
urip	susumna	atma
pinggalam	parokning	idi
cu		djagra
	suryya	
	candra	
sapta		pada
pada		suryya
candra		

Iki sang hyang Trisamaya
ka-aicwaryyan.

Auf der anderen Seite steht in der Breite eine ganz andere Art von Formeln, das sogenannte Sangu-Pati. „Sangu" hat die Bedeutung Lebensmittel und „Pati" ist der Tod. Das heißt also Lebensmittel für den Tod. Die Formel lautet:

am ring nabhi, ah ring   ah ring nabhi, am ring

ciwadwara; ring kala-
ning urip, mangde ka-
dirghjusan.

ciwadwara; jan teka-
ning pati, tan sansara
denya iti sang hyang
rwa bhineda kalepasan.

Idibyadna.

Wenn wir eine zuverlässige Behandlung dieses Sangu-Pati vornehmen wollen, wird es nötig sein, dass wir mehr als ein Exemplar untersuchen können und vor allen Dingen, dass sowohl der Surat-panugraha eines Shivapriesters als auch der eines Pedanda-Buddha uns zum Vergleich vorgelegt wird.

Es ist möglich, dass beide Surats einander vollkommen gleich sind. Der mir geschenkte Brief, der von einem Shivapriester herrührt, umfasst unverkennbar viele echt buddhistische Elemente, was ja auch wiederum dadurch verständlich wird, dass der Buddhismus und Shivaismus auf Bali ebenso vermischt sind, wie das Flusswasser vermengt ist mit dem Wasser des Ozeans, in den der Fluss mündet.

Ich fürchte, dass wir mit Bezug auf die Worterklärung den Deutungen der Balier nicht trauen können. Dafür kann ich die Tatsache anführen, dass der Brahmane, der mir den priesterlichen Brief auslegen sollte, das Wort ~ Kanihcreyasan – nicht mehr verstand, dass er die Worte Kani und Creyasan voneinander trennte und Kani mit Befreiung und Creyasan mit „das Allerheiligste" übersetzte und diese Worte deutete er so, dass der Sinn des Spruches also zu verstehen wäre: „Aus dem Nichts nahm der Allerheiligste den Körper (Awak) von Sang Hyang Jagatkarana von Shiva, dem Weltenschöpfer entgegen."

Ich glaube nicht, dass sein Kommentar viel Richtiges enthalten wird.

Es ist aber ebensogut möglich, dass selbst die Priester mir die Auslegung nicht geben wollten, weil ich die Weihe nicht empfangen habe und es ist erst in Zukunft, wenn die Priester weniger geheimnisvoll sein werden, möglich, dass sich ergeben wird, dass sie den Sinn ihres Sangu-Pati noch verstehen.

Nach meinem besten Wissen möchte ich unter dem Vorbehalt, dass vielleicht später eine klarere Auslegung möglich sein wird, folgende Übersetzung geben:

Om
(Ciwa)
Unabhängigkeit vom Körper
dem Herrn und Weltschöpfer.

Oeng	Mang	Am
Wisnu	Icwara	Brahma
die Leber	tuli (?)	Herr
der gelbe Schein	Aorta	Seele
	Glanz der Sonne	idi(?)
	Mond	Purpurrot

sieben		
allein		allein
(zusammen)		zusammen
Mond		Sonne

Das sind die drei heiligen Samaya's.

Für die Sangu-Pati setzen wir:

Am im Nabel, Ah auf dem Schädeldach (Fontanellen) solange man lebt, auf dass man (dadurch) ein langes (glückliches) Leben habe.

Ah im Nabel, Am auf dem Schädeldach. Wenn man stirbt, wird man das Sansara nicht erhalten, weil diese Beiden (am und ah) ihren Platz im kamoksan verwechseln (kalepasan – die Erlösung).

Idibyadna.

Das Schlusswort – Idibyadna – ist mir unverständlich. Ich halte nicht für ausgeschlossen, dass wir hier eine durch Missverständnis verstümmelte Form von Awjadjnana vor uns haben, umsomehr, als VAN DER TUUK in seinem Kaw.-Balin. Wörterbuch das Wort Rwa Bhineda, das in unserer Formel, die van der Tuuk nicht kannte, auch vorkommt, als Adwajadnjana oder Adwaja, aufgibt als eine Art geheime Kunst, die zum Kanda Mpat

38

gehört.

Es ist auch nicht unmöglich, dass ein Zusammenhang mit dem Abhyna besteht, wie uns dasselbe im 43. Gesang im Nagarakrtagama begegnet: sang hyang sad-abhy nad haraka rumaksa' ng loka dewa prabhu und das bedeutet: das höhere Wesen, welches die sechs abhyna's (jenseitige Kenntnisse) besaß, beschirmte die Welt als Majestät und Fürst.

Wenn wir im Sangu-Pati deutlich und ausschließlich mit der transcendenten Lehre zu tun haben, glaube ich, dass wir uns nicht weit von der Wahrheit entfernen, wenn wir annehmen, dass dieses Idibyadna, das die Balier auch nicht mehr begreifen, auf das Wissen von Jenseits, die geheime Kunst der Advaija, hinweist.

Die Einsicht in weitere Sangu-Pati wird auch in dieser Hinsicht Aufklärung bringen.

Wir haben hier mit einer der mystischen Formeln zu tun, mit der sich die Hindus so gern beschäftigen und zweifellos mit einem der bedeutendsten Sprüche, die schließlich dem Gläubigen das ewige Heil, die endliche Befreiung aus dem Kreis der Reinkarnationen bringen sollen, die Formel, die dem Hindu – der durch das Yogi soweit gekommen ist, dass er selbst die Todesstunde festsetzen kann – erlaubt, im All aufzugehen.

Wir wollen nur die Überschrift betrachten: Unabhängigkeit vom Körper, vom Herrn und Weltenschöpfer.

Das Anacrajan – das unabhängige Samadhi – ist eines der Samadhi der Inder, wenn auch nicht das höchste. Unabhängigkeit vom Herrn, darin liegt alle Unabhängigkeit beschlossen, frei sein von allem Irdischen, vom eigenen Körper, unabhängig von den Göttern, von irdischen Gedanken, auch vom Tode frei und sich fühlen, als wenn man noch nicht geboren wäre, das ist das wahre und einzige Samadhi und die wahre Unabhängigkeit.

Erst wenn der Mensch vollkommen frei vom Körper geworden ist, sagt SPEYER auf Seite 82, von Liebe und Leiden unberührt bleibt, wenn er völlig zur Ruhe gekommen ist, kann sich das persönliche Atman mit dem höchsten Atman vereinigen, indem es aufwärts strebt wie Wind und Wolken, die ja auch körperlos sind. Durch Überwindung des Todes wird man mit Brahma vereinigt.

Ferner gibt die Formel die heilige Silbe Om, die aus Ung, Mang und Am gebildet ist, sowie auch Wisnu, Brahma und Icwara zusammen den Mahadewa, Shiwa bilden. Aus der Einheit entsteht die Dreieinigkeit, die Trimurti.

Es heißt von Wisnu, dass er in der Leber wohnt. Es steht da tikta, was bitter bedeutet. Die Galle ist bitter, mit tikta wird gemäß der Erklärung meines brahmanischen Freundes die Galle bezeichnet. Wisnu wohnt also in der Leber, dem so bedeutungsvollen Organ des Menschen.

Wisnu wird mit einem gelben Mantel bekleidet und so auch am häufigsten abgebildet.

Auf ihn folgt Icwara, er hat seinen Sitz in der Susumna, in der Hauptader oder Aorta. Sein Gewand ist blendend weiß und es ist möglich, dass seine Farbe dem gemeinsamen Glanz von Sonne und Mond gleichgesetzt wird.

An dritter Stelle haben wir Brahma, der im Herzen wohnt, ein helles Rot ist seine Farbe, die Farbe, die stets Brahma zugeschrieben wird. (Bei VAN DER TUUK fand ich nämlich für Djagra die Bezeichnung „Matangi", das bedeutet: Aufgehen der Blumen, beispielsweise durch den Wind, aber ebenfalls Tangi-Wungu, das bedeutet Purpur-Rot.)

Die Worte Sapta, Pada in Verbindung mit den Worten Suryya und Candra konnten mir nicht erklärt werden. Das Verständnis dafür werden wir uns eines Tages aus Bali holen müssen. Für die Sangu-Pati-Formel, die vor allen Dingen auf das Am-ah zurückgeht, finden wir einen merkwürdigen Vergleich bei KATS, Kamahayanikan, auf Seite 98, und lesen dort: Adwaya bedeutet: Adwaya und Adwaya-Jnana. Adwaya bedeutet: Am-Ah. Adwaya-Jnana bedeutet: ein Wissen, das weder am Sein noch am Nichtsein zweifelt, am Zwischenraum zwischen Sein und Nichtsein nicht zweifelt, sondern einfach stand hält, ohne Körper (äußerliche Form). Das Sein muss man als eine Vermutung betrachten, das Nichtsein muss man als eine Vermutung betrachten und den Raum zwischen Sein und Nichtsein muss man als eine Vermutung betrachten, die Frucht von Manameija muss man als eine Vermutung betrachten. Das Vermuten selbst muss man als eine Vermutung betrachten, das ist die Beschauung von dem, was man voraussetzt. Sei nicht unruhig (zweifelnd – unsicher).

Das Vermuten muss man als Adwaija-Jnana betrachten. So muss man es betrachten.

Am-ah und Adwaija-Jnana heißen Adwaija. Am bedeutet das Eingehen des Windes (Atem). Am ist das Raunen desselben, das sich im Körper ausbreitet und aus den neun Öffnungen des Leibes hervorgeht.

Eine Bedeutung als Sonne hat der Körper, weil er von ihr erfüllt wird. Smrti-Suryya ist dann sein Name.

Ah bedeutet: das Ausgehen des Atems aus dem Körper. Ah ist das Raunen desselben, das aus dem Körper erklingt. Eine Bedeutung als Mond hat der

Körper durch das Verschwinden des Atems aus dem Körper. Lieblich, verführerisch, lauter erscheint der Körper zuletzt; canta-candra (mondruhig) heißt er dann. Zugleich hat er den Namen canta-smrti.

Durch die Anwesenheit von Smrti-Suryya und canta-candra entsteht Adwaija und Adwaija-jnana. Aus der Verbindung von Adwaija und adwaija-jnana entsteht das Diwarupa.

Diwarupa bedeutet etwas, was dauernd taghell gesehen werden kann, wenn man das Yoga ausübt.

Am-Ah wird das heilige Adwaija genannt. Es ist der Vater von Bhatara Buddha.

Diese Lehre von Am-Ah, die auch wiederum die auf Bali zugeschnittenen Pranayama-Übungen erklären, versteht der balische Priester und der Brahmane noch vollkommen, wie wir gleich beweisen werden.

Im Hauptkapitel der Atman-Lehre der Upanishaden sagt SPEYER noch Folgendes: Der Segen und die Seligkeit, welche die Kenntnis vom wahren Wesen, vom einzigen wahrhaften Sein verleihen, ist nur den Wenigen vorbehalten, die es verstehen, in Kenntnis und in dem Besitz der befreienden Upanishadformeln zu gelangen, die von der geheimnisvollen Unsicherheit und vom Zorn befreien.

Diese Lehre, welche die balischen Priester bis heute noch vollständig unterschreiben, bezieht sich nur auf die Formeln, welche in den Sangu-Pati des Shiwapriesters aus Bangli niedergelegt sind. Was die Priester oder Brahmanen mir als bestimmt mitteilten, war gerade, dass sie, die diese Formel kannten und durchführten und die tiefe Bedeutung derselben begriffen hätten, die Stunde ihres Todes selbst bestimmen und ohne Sansara aus diesem Leben scheiden könnten.

Unsere Formel lautet zum Schluss also nicht anders, als Am-Ah.

Der Am-Ah-Begriff fällt auf Bali sowohl mit dem Suryya-Candra-Begriff, wie auch mit dem Begriff von Feuer und Wasser, zusammmen (bayu, Flüssigkeit oder Kraft). Auch die männlichweibliche Idee (Perdana-purusha) liegt hierbei zu Grunde. Am-Ah soll auch das rechte und das linke Auge bezeichnen, während die Stätte zwischen den Augen die Silbe Mang erhält.

Wir sehen also einen Am-Ah-Begriff, der das ganze balische Leben durchglüht und nicht allein auf Bali, sondern auch auf Java, unter den Mohammedanern von großer Bedeutung ist, wie mir Purbatjaraka versicherte. Dass das Am-Ah mit dem Begriff Suryya-Candra zusammen-fällt, ergibt sich aus einer Formel, die ein Priester aus Gianjar als sein

Sangu-Pati angab, das ich leider ebenfalls nicht mit dem Original in seinem Suratpanugraha vergleichen konnte.

Nach seinen Mitteilungen lautete sein Sangu-Pati wie folgt:

kalaning urip	kalaning mati
ah candra	am suryya
am suryya	candra ah.

Eine Erklärung, die von einem Brahmanen stammt, der mit einem sehr gelehrten Priester nahe verwandt ist, befriedigt mich vorläufig durchaus und lautet wie folgt: Zur Lebenszeit des Menschen regiert Am, das ist Suryya oder das Feuer (Lebensfeuer) im Nabhi, im Nabel oder im Bauch, wo, wie man annimmt, ein großes Feuer brennt, das beispielsweise bei Fieber heftiger brennt, sodass die Feuchtigkeit des Körpers in Form von Tropfen aus der Fontanelle aufsteigt.

Ah ist Candra, aber auch Bayu oder Feuchtigkeit (Wasser) und hat seinen Sitz unter diesen Umständen im Ciwadwara, auf dem Schädeldach.

Nun erklärte der Brahmane, dass, solange dieser Zustand anhält, das Feuer unter dem Wasser regelmäßig dampft oder Bayu und Lebenskraft entwickelt und solange das Am-Ah-Verhalten des Menschen fortgesetzt wird, wie es in den Formeln vorgeschrieben ist, wird er gesund bleiben und ein langes Leben haben.

Wenn er aber der Erlösung teilhaftig werden will, dann müssen Am und Ah ihren Platz wechseln, dann muss Suryya-am oben auf dem Ciwadwara seinen Sitz erhalten und Candra-Ah im Nabel.

Dann, so führte der Brahmane an, würde das Feuer im Wasser untergetaucht werden. Am würde sich mit Ah verbinden, aber Am würde sich im Wasser austoben und das Wasser würde gänzlich verdampfen durch die Kraft des Feuers. Nichts würde übrig bleiben, die Elemente Am-Ah gehen in das Nichts über und der Mensch erhält die Befreiung, das Kalepasan oder Kamokshan.

Dieselben Begriffe von Feuer und Feuchtigkeit als den Elementen des menschlichen Körpers, eines Begriffs, den wir nicht nur auf Bali, sondern im ganzen Archipel antreffen, finden wir auch rückwärtig in der Lehre, die Aruni seinem Sohne Cwetaketu gab, wie SPEYER auf Seite 65 evv. mitteilt.

Als Cwetaketu nämlich seinen Vater nach der Formel fragt, die, soviel man weiß, bewirkt, dass man auch nicht Gelerntes gelernt hat und sich auch der Dinge bewusst wird, die im Geiste eines Menschen selbst nicht entstanden sind und wie man das Unbegriffene begreift, da sagt der weise Aruni zu seinem Sohn: Im Anfang war Nichts als das Seiende. Das Seiende wollte erzeugen und ließ aus sich Hitze entstehen (dieses ist der Begriff Hitze – Feuer – Suryya – Am}.

Die Hitze wollte erzeugen und ließ Feuchtigkeit (Bayu-Wasser-Candra-Ah) aus sich entstehen. So wie aus dem menschlichen Körper die Hitze auch Schweiß entstehen lässt, und die Feuchtigkeit wollte ebenfalls zeugen und brachte Nahrung hervor, so wie der Regen die Vegetation hervorbringt.

Aus dem Seienden und diesen Dreien (Hitze, Feuchtigkeit und Nahrung) ist die Welt nebst ihren Geschöpfen erschaffen, sagt Aruni, und legt dann weiter vernünftig dar, dass diese Elemente auch in unserm Körper anwesend sind, nämlich Nahrung im Geiste, Feuchtigkeit im Atem und Hitze in der Stimme. Diese Drei bilden also den Menschen und hierin ist wiederum die höhere Einheit des Wesens aller Geschöpfe zu erkennen.

Wir werden gleich bei der Besprechung der priesterlichen Gebete feststellen können, dass die balischen Priester in derselben Weise die Elemente, Nahrung, Feuchtigkeit und Hitze im Geist, Atem und Stimme oder Idep, Bayu und Sabda unterbringen.

Wie früher die Upanishaden in Indien auch die echte Geheimlehre waren und der Lehrer genau prüfen musste, welchem Sisia er die Lehre anvertraute, so ist noch heute die Sangu-Pati-Formel bei den balischen Priestern das Allergeheimste.

Diese Formel, in der die die Welt verklärende und zur Erlösung führende Lehre zusammengefasst oder symbolisiert ist, muss man nicht allein kennen, sondern auch durchschauen; sie muss der Gegenstand ständiger Betrachtung und Verehrung sein.

Die Formel ist also zur Befreiung ausgedacht und in ihr hat die höchste Weisheit ihren deutlichsten Ausdruck erhalten. Das Sangu-Pati ist eine Zaubermacht, die Befreiung vom gewöhnlichen Los der Seelen, der ewigen Wiederkehr, bewirkt. Das Sangu-Pati bahnt den Weg zur Unsterblichkeit, zum Kalepasan.

Eine spätere Untersuchung, die hoffentlich sobald wie möglich auf Bali angestellt werden kann, wird wahrscheinlich den Beweis bringen, dass jeder Priester eine andere Formel hat, dass also jeder, der einem anderen Guru folgt, auch ein anderes Sangu-Pati empfängt.

Aus verschiedenen Formeln werden dann die verschiedenen Schulen oder Lehrarten wieder hergestellt werden können.

Wir sind dem Priesterkandidaten durch seine Erziehung und seine Weihe gefolgt und haben versucht, zu erklären, welche tiefe Bedeutung das Surat-

Panugraha, das er von seinem Guru erhält, noch heute für den balischen Priester besitzt. Nunmehr werden wir uns mit den Priestern im balischen Zusammenleben zu beschäftigen haben und in Verbindung mit dem Ziel dieses Textes im besonderen mit

dem priesterlichen Zeremoniell

Das gottesdienstliche Zeremoniell wird neben dem Pamangku und Sengguhu hauptsächlich durch die Priester und speziell durch den Pedanda-Buddha neben dem Shiwapriester abgehalten. J. C. VAN EERDE bemerkt in seinem Artikel über den hindu-javanisch-balischen Gottesdienst (Beitrag T. L. V. von Niederländisch-Indien, Teil 65): Der örtliche Sprachgebrauch macht allerdings einen deutlichen Unterschied zwischen dem Pedanda-Buddha und dem Pedanda-Shiwa, aber anders ist es mit ihren Anhängern, den uneingeweihten, die einmal vom Priester der einen und ein anderes Mal vom Priester der anderen Sekte ihr Toja-Tirta kaufen.

Unter ihnen spricht man nicht von Buddhisten oder Shiwaisten, sondern beide werden im gleichen Sinne zu den Wong Gama-Tirta gerechnet, in Gegenüberstellung zu den Bali-Aga und anderen Sekten, die kein Weihwasser von den Priestern fordern und deshalb nicht zum Gama-Tirta gerechnet werden.

VAN EERDE berichtet weiter, dass die Balier ihr Weihwasser von denjenigen Priestern holen, von denen sie es seit jeher oder aus alter Anhänglichkeit geholt haben oder mit denen sie durch Bande der Tradition, durch Familienbande und durch den Wohnort verbunden sind.

Der kleine Mann glaubt, dass die reinigende Kraft des heiligen Wassers nicht abhängig ist von der Gottheit, welche die Priester anrufen, sondern von dem Grad von Heiligkeit, in welchem der Vermittler steht. Für ihn sind Buddha und Shiwa eins. Es gibt allerdings verschiedene Namen in den Zeremonien und eine Verschiedenheit in den Attributen der Priester, aber im wesentlichen besteht weder äußerlich, noch im Gedankengang, noch in den Verpflichtungen, noch in ihren Tempeln und Opfertischen ein Unterschied.

Ob diese Schlussfolgerung ganz richtig ist, wird sich noch ergeben müssen. Es steht bereits fest, dass die Weden der Pedanda-Buddha und der Shiwapriester ganz verschieden sind, dass die Anhänger der Buddhapriester und der Shiwapriester sich durchaus nicht immer als Brüder fühlen, sondern häufig ein deutlicher Sektenunterschied, ja ein Sektenhass bestehen kann, wie ich es im Jahre 1920 in einem Dorf des Distriktes Bandjar-Angkan (Klungkung) erlebte, wo viele Anhänger des Pedanda-Buddha, die stets Brahmanen sind, wohnten.

In jedem Jahre wurde dort ein großes Fest im Dorftempel abgehalten und dieses wurde stets durch einen Pedanda-Shiwa geleitet. Während meiner Amtsführung kam ein Konflikt, der schon seit Jahren bestand, wieder einmal heftig zum Ausbruch, denn die Brahmanen-Buddha weigerten sich, die Kopfsumme für das Fest weiter zu bezahlen, solange ihr Pedanda, der Buddhapriester, das Fest nicht leiten sollte, wogegen die übrigen Dorfeinwohner sich heftig sträubten.

Es ergab sich deutlich aus meiner Untersuchung, dass die Buddha-Anhänger nicht zufrieden waren mit dem ausschließlichen Shiwa-Zeremoniell, und das scheint mir ein genügender Beweis, dass doch ein Unterschied bestehen muss, wenn auch vielleicht nur im Geiste und nicht im Äußerlichen, zweifellos aber innerlich.

Weder die Geburt noch die Herkunft entscheiden, ob jemand ein Buddha- oder ein Shiwapriester wird. Das entscheidet nur die Weihe, so meint VAN EERDE; wird ein Brahmane durch einen Buddhalehrer geweiht, so wird er auch ein Buddhapriester, wenn aber ein Shiwa-Guru die Weihe vollzieht, so wird er auch ein Shiwapriester.

Es ist zwar möglich, dass die Weihe allein entscheidet, aber ebenso sicher ist auch, dass ein Brahmane, dessen Familie stets einen Shiwapriester zu ihrem Shiwa hatte, die also immer ihr Weihwasser bei einem Shiwa-Pedanda kaufte, seine Erziehung niemals von einem Buddha-Pedanda genießen und von ihm die Weihe erbitten wird. Es kommen wohl Heiraten zwischen Personen aus beiden Richtungen vor. Die Frau folgt dann dem Manne.

Bei den großen Tempelfesten und bei den Leichenverbrennungen der Ksatriya-Fürsten sehen wir den Pedanda-Shiwa und den Pedanda-Buddha nacheinander das vorgeschriebene Zeremoniell abhalten. Während das dabei gebräuchliche Weihwasser, das Toja-Pengentos, von beiden Priestern gemischt wird. Beim priesterlichen Gebet (Maweda) ruft der Shiwapriester den Bhatara Prama-Shiwa an mit:

Mahadewa, Mahacwara, Rudra, Sangkara, Gambhu und Icwara, während der Buddhapriester Bhatara Prama-Buddha anruft mit:

Dhyani buddha, Sang hyang Tathagata, Ratnasambhawa, Cri Amaghasidhi,

Werocana, Aksobhya und Amitabha, Namen, die nur ausschließlich in den Gebetbüchern der Buddhapriester vorkommen. Jeder Reichstempel ist ein Ciwabuddhalaya. In den Attributen sehen wir bemerkbare Unterschiede:

Shiwa.	Buddha.
Dieser hält in der linken Hand die Schelle oder Ghanta.	Der Buddhapriester desgleichen.
In der rechten Hand die Blume oder Puspa (Sekar). Denn diese ist sakti ring kajua, das heißt, heiligen Sinnes und er bedarf dafür keiner äußerlichen Zeichen.	In der rechten Hand trägt er das Badjra (eine kupferne mythische Waffe mit 5 Zähnen, die dem Indra zugeschrieben wird), denn der Buddhapriester ist sakti ring pangandika, das heißt, seine Heiligkeit liegt in seinen Worten; sein Wort ist scharf wie die Waffe.
Das Weihwasser wird in der Giwamba aufbewahrt.	Das Pamandiyangan ist das Weihwasserfaß.
Er gebraucht zum Versprengen desselben Sprossen von Alang-Alang.	Hier sehen wir einen Sprenger aus Metall.
Der Shiwapriester trägt das Haar in einem Knoten auf dem Haupte.	Das Haar wird offen getragen und ist am Hinterhaupt ganz abgeschnitten. Der Buddhapriester hat noch das Canti eine kupferne Fahne auf einem gleichen Fußstück, die während des Murmeins der Gebete nach den vier Windrichtungen gedreht wird.

Fragt man die Priester, inwiefern ihre Lehre (von der der kleine Mann überhaupt nichts weiß) sich unterscheidet, so hört man aus ihrem Mund den orakelhaften Ausspruch: Buddha saking niskala ngererech sakala und Ciwa saking sakala ngererech niskala. (Van Eerde.) Dieser Spruch soll ungefähr darauf hinauslaufen, dass die Buddhapriester das Stofflose in ihrer

46

Lebensbetrachtung zum Ausgangspunkt nehmen, während die Shiwapriester zum Ausgangspunkt das Stoffliche gewählt haben, oder dass mit andern Worten der Pedanda-Buddha sich nach dem Abgestorbenen richtet und der Shiwapriester nach dem Leben. (Sakala ist das Gegenwärtige, Niskala ist das Jenseits.)

Es gibt noch einige andere kleine Unterschiede zwischen beiden Priestern. So z. B. spricht der Pedanda-Buddha nicht beim Essen, während der Shiwapriester das ruhig tut. Der Pedanda-Buddha wird bei unangenehmen Wahrnehmungen, z. B. bei Gestank, so viel Selbstbeherrschung besitzen, dass er kein Zeichen seiner Wahrnehmung merken lässt. Ein Shiwapriester kennt eine derartige Selbstbeherrschung nicht. Der eigentliche Unterschied zwischen den beiden Gruppen wird also auch hauptsächlich darin liegen, dass das Bhrata eines Buddhapriesters viel höher und mühevoller zu erreichen ist, als das Bhrata eines Shiwapriesters.

Sang Buddha soll nämlich sein Bhrata auf einem Kirchhof, einem Ksetra, erhalten haben, wo er sich von allem Widerwärtigen nähren musste, was er dort finden konnte, während Bhatara-Shiwa sein Bhrata auf einer Bergspitze erhielt, wo er sich von Kräutern ernähren konnte. Auf Bali finden wir noch den bereits mehrfach bekannt gewordenen Bubuksah-Bericht, der in seinem Kern für die Balier nichts anderes bedeutet als einen Vergleich zwischen dem Bhrata des Pedanda-Buddha und dem des Pedanda-Shiwa. Mir scheint, dass wir einen Auszug von dem Resume dieses Berichtes, soweit ihn VAN STEIN-CALLENFELS auf Grund einiger Bas-Reliefs auf der Pendoppo-Terrasse von Penataran (Java) gemeinsam mit R. NG. PURBATJARAKA in der Zeitschrift T. L. V., Teil 58 gegeben hat, nicht entbehren können.

Zwei Knaben, Kebo Milih und Kebo Ngraweg, wurden, während sie noch jung waren, von ihren Eltern verlassen. Da sie sich von Jugend an Betrachtungen gewidmet hatten, wurde dadurch der Hass der Umgebung hervorgerufen und infolge desselben wurde ihnen schließlich von ihrer Familie die Tür gewiesen, während die Nachbarn nicht geneigt waren, sie freundschaftlich aufzunehmen. So beschlossen die beiden unzertrennlichen Brüder, das Dorf zu verlassen. Sie begaben sich auf den Weg nach Mandala-Njuneng, um dort die Lehre der Mimis, der vollendeten Menschen, zu erhalten.

Bei Mitternacht verließen sie ihre Wohnstätte. Sie überschritten den Bengawan (den Fluss der Brantas) mit Hilfe einer dritten Person, welche sie in einer Prauw hinüber brachte, und obwohl diese Prauw umschlug, erreichten sie wohlbehalten das jenseitige Ufer. Weder in dem Manuskript von VAN STEIN-CALLENFELS noch in dem Manuskript, das ich besitze, wird gemeldet, auf welche Weise sie das Ufer erreichten. Nach einer langen Reise kamen sie zu einem Pendoppo und nicht weit davon begegnete ihnen ein Guru, von dem sie als Schüler aufgenommen wurden. Kebo Milih wird alsdann Gagang-Aking (oder dürrer Stengel) und Kebo Ngraweg wird Bubuksah (das heißt: er will immer essen) genannt.

Ein besonderes Interesse zeigten sie für den Unterricht im Kamokshan. (Moksha bedeutet verschwinden, frei sein (lepas), daher Kamokshan oder Kalepasan. Die Lehre führt also schließlich zu einer Kenntnis, durch welche man als Befreiter ohne weitere Wiedergeburten in der seligen Ewigkeit aufgeht. Kamokshan ist nicht nachzuweisen, es bedeutet: nicht bekleidet sein, ohne Platz sein, weder rot noch weiß, nicht gelb, nicht schwarz sein, weder tief noch hoch sein, also cünyatä).

Als sie das Studium vollendet hatten, begaben sie sich zum Pamacekadag, das sind die Tage, die auf dem Bali-Kalender das Zeichen Pamaceka-Lanang oder das männliche Zeichen tragen und von denen im balischen Jahr, das 210 Tage umfasst, nicht weniger als 85 Tage vorkommen. Der Pamaceka-Tag ist untauglich für das Abhalten von Festen, sowie auch von Opfern in den Tempeln.

Auf ihrer Reise wohnten sie in einer Bale-Dana, einer Art Regen-Pondok, in der sie Darstellungen aus dem Lakon-Sudamala antrafen.

Von dem Bergabhang, auf dem sie ausruhten, sahen sie die Ebene von Janggala und Madjapahit (Java). Der älteste Bruder Gajang-Aking baute alsdann ein Haus im Westen auf dem Gipfel, während Bubuksah im Osten im Tal wohnte.

Während Bubuksah nach einer Quelle suchte, fand er noch einen Tempel, in dem Zeichnungen aus dem Lakon Jamur Juwang waren.

Bubuksah suchte Tuwak (Palmwein), machte daraus Branntwein, steckte ein Gebüsch in Brand und fing verschiedene Tiere, welche die Flucht ergriffen hatten und die er allein verzehrte.

Während Gagang-Aking nur reine Nahrung zu sich nahm und seinen Bruder wiederholt an das Wesen der Askese (Tapa) erinnerte und sich auf ihren Lehrer Rahula Kembang berief, fuhr Bubuksah ruhig in seiner Lebensweise fort. Nach geraumer Weile entstand eine Entfremdung zwischen den beiden Brüdern und sie beschlossen deshalb, ihre Seele aus dem Körper zu befreien und sie zu Bhatara Guru zu senden, um von ihm Aufschluss zu erlangen, welcher Weg zur Seligkeit gefordert würde.

Die Antwort war so unverständlich, dass sie wieder zu ihrem alten Leben zurückkehrten.

Der Gott Indra wies alsdann Bhatara Guru auf die Fragen hin, mit welchen sich die Menschen beschäftigten, und darauf wurde Sang Kalawiyaja in der Gestalt eines weißen Tigers auf die Erde hinab gesandt, um zu untersuchen, ob sie wirklich Tyaga wären, und in diesem Falle sollten sie beide vor den höchsten Gott geführt werden, im verneinenden Falle allein der, der Tyaga wäre. (Nach VAN DER TUUK ist ein Tyaga ein Büßer, ein Klausner oder Dukuh, der von Gemüt standhaft ist: sthiti); bei KATS finden wir in seinem Kamahayanikan für Tyaga die Angabe: Jemand, der sterbensbereit ist, was meiner Meinung nach eine viel bessere Übersetzung gibt.

Kalawiyaja kam zuerst zum Gipfel des Berges, zu Gagang-Aking und tat, als wolle er ihn verschlingen. Dieser war bange um sein Leben und bat, ihn, den armen Einsiedler, zu schonen, dafür aber verwies er den weißen Tiger auf den Einsiedler, der im Tal wohnte, der viel dicker und fetter wäre als er; und dadurch bewies er, dass er nicht vollkommen Tyaga wäre, denn er hing noch am vergänglichen Schein und war also noch nicht sterbensbereit.

Als der Tiger zu Bubuksah kam, ging dieser gerade auf ihn los, um Kalawiyaja zur Speise zu dienen. Er setzte seine Ansichten inbezug auf das Tapa dem Tiger auseinander und bat nur um die Erlaubnis, noch einmal nach seinen Schlingen sehen zu dürfen.

Als er in denselben einen Zwerg fand, verzehrte er diesen noch schnell.

Die Wesen, die er verzehrte, sollten immer als Demungs, als Tumenggungs und ähnliche Träger von hochwürdigen Ämtern wiedergeboren werden.

Nachdem er sich genügend sattgegessen hatte, bot er sich dem weißen Tiger (sang mang petak) zur Speise an.

Dadurch bewies er, dass er bereits in der Gottheit aufgegangen war; er fürchtete den Tod nicht, er kannte kein Sansara mehr. Der Tiger begriff, dass Bubuksah vollkommen Tyaga war und teilte ihm also mit, dass er vom höchsten Gotte gesandt sei, um sie beide auf die Probe zu stellen.

Dann kommt Gagang-Aking plötzlich nach unten, aber bei der Himmelfahrt, bei welcher Bubuksah auf dem Rücken des Tigers sitzt, findet der Andere mit geraumer Not noch einen kleinen Platz am Schwanz des Sang mang petak.

Als sie im Himmel angekommen waren, nahm der Tiger seine Göttergestalt wieder an und erschien vor Bhatara Guru, dem Kalawiyaja nun erklärte, dass Bubuksah bewiesen hätte, dass er wirklich Tyaga sei, da er bereit gewesen wäre, sich zu opfern, während Gagang-Aking ein Scheinheiliger, nur von außen ein Frommer, nur von außen ein Reiner wäre, ohne ein reines Herz zu besitzen. Als sie nun die Nawa-Sangga versammelten, wurde auf Empfehlung von Brahma dem Bubuksah der höchste Himmel zuerkannt, während Gagang-Aking ebenfalls aufgenommen wurde, aber nicht den höchsten Grad der Genüsse erreichte.

In einer Handschrift, die ich im Jahre 1915 von dem Kantja I Gusti Putu Sedana in Badung zur Einsicht erhielt, stand eine Version, nach der beide Einsiedler wieder zur Erde zurück gesandt wurden, um dort als Priester die gottesdienstlichen Zeremonien für die Menschheit abzuhalten, und dass dem Bubuksah der Auftrag zuteil wurde, die Zeremonien abzuhalten, die sich auf das Gestorbene beziehen, während Gagang-Aking die Zeremonien zugewiesen erhielt, die auf das Leben gerichtet sind. In Verbindung mit seinem Auftrag erhielt Bubuksah aus den Händen des Bhatara Guru die Bücher (die Wissenschaft oder die Lehre), die sich auf seine Sendung bezogen, während Gagang-Aking den anderen Teil erhielt.

Dieser Abschluss schließt mehr an die Lehre, welche vorhin dargelegt und zusammengefasst wurde in der Formel: Buddha saking niskala ngererech sakala und Ciwa saking sakala ngererech niskala; und Bubuksah ist die Personifikation des Pedanda-Buddha und Gagang-Aking die des Shiwa-Priesters. Die Bubuksah-Erzählung, die der größte Teil der erwachsenen Balier kennt und die von den Sudras und Triwangsas gelesen wird, beweist eindeutig, wie man sich die Beziehungen zwischen Buddha- und Shiwapriester denkt, und dass vor allen Dingen die Art des Bhrata den eigentlichen Inhalt bildet.

Man hält also auch das Bhrata des Bubuksah für höher als das des Gagang-Aking. Man müsste also auch logischerweise den Pedanda-Buddha für vollkommener und heiliger halten als den Shiwa-Priester.

Aus einer späteren Untersuchung wird sich wohl ergeben, ob eine derartige Auffassung auf Bali noch lebendig ist.

Der größte Teil der Bevölkerung folgt dem Shiwa-Priester. Die Zahl derjenigen, die das Weihwasser vom Pedanda-Buddha kaufen, ist gering.

Die großen allgemeinen Feste, z. B. die Reinigungsfeste nach großen Epidemien, nach einer Mäuseplage, nach schweren Naturkatastrophen, werden stets von beiden Priestern geleitet.

Auch bei Leichenverbrennungen von fürstlichen Personen ist der Pedanda-Buddha anwesend. Das Weihwasser von beiden Zelebranten wird über die Leiche gegossen, aber bevor sich der Zug in Bewegung setzt, steigt der Pedanda-Buddha von seinem Tragstuhl herab und schießt zuerst einen Pfeil nach den vier Himmelsrichtungen und alsdann einen Blumenpfeil nach dem Haupt der Naga-Schlange, die nur bei fürstlichen Personen am Bade befestigt ist. Dieser Gebrauch (siehe das bezügliche Bild) soll zurück zuführen sein auf einen füheren Streit zwischen den irdischen Göttern (Brahmanen) und den Fürsten.

Einer der Fürsten hatte nämlich die Gewohnheit gehabt, die Brahmanen zu verspotten und vor allen Dingen ihre übernatürliche Kraft in Zweifel zu ziehen. Dazu ließ er eines Tages eine Gans in einen zugemauerten Brunnen stecken, worauf er einen Brahmanen dadurch auf die Probe stellte, dass er ihn fragte, was in dem Brunnen versteckt wäre. Als der Brahmane darauf zur Antwort gab, dass eine Naga im Brunnen säße, ließ der Fürst denselben öffnen, und es kam wirklich eine Naga zum Vorschein, die den Fürsten sicher verschlungen hätte, wenn der Pedanda das Ungeheuer nicht getötet hätte. Seit dieser Zeit muss bei der Verbrennung eines Fürsten jederzeit eine Schlange an das Bade gehängt werden, welche dann symbolisch durch den Pfeil des Pedanda getötet wird. Viel wesentlicher als diese Legende ist die Mitteilung von PURBATJARAKA, der in Bezug auf das Bild des Buddha-Priesters mit Pfeil und Bogen auf Kama, den Gott der Liebe, hinweist.

Die Priester halten entweder an jedem Tage oder an bestimmten Tagen ihr Hausritual ab, sowohl am frühen Morgen wie auch vor der Mittagstunde und immer mit nüchternem Magen.

Die Bedeutung des Hausrituals (Pasuryya Sewana) soll sein, dass man sich durch Waschung und Gebet dem Suryya und Shiwa weiht.

Dieser Dienst ist besonders bei Vollmond und Neumond geboten, sowie an jedem fünften Tag (Kliwon).

Bei Neumond (Tilem) und bei Vollmond (Purnama) werden die Adjuman und Dakcina-Opfer bereitgestellt, während an den Kliwon-Tagen die Banten-Tjanang im Pamaradjaän dargeboten werden.

Wenn an jedem Tage das Hausritual abgehalten wird, kann der Priester es mit dem Aufsagen der Mantra-Parikrama bewenden lassen. Am Kliwon werden die Caturweden, am Tilem die Mantra-Ngarga-Patra und die Mantra Mantja-Giri aufgesagt.

Außer dem Hausdienst der Priester gibt es dann noch die großen Feste in den Haustempeln, welche der Priester leitet, sowie die Tempelfeste. Die Feste, bei denen besonders die vornehmen Balier einem Priester das Abhalten der Zeremonien auftragen, sind: das Geburtsfest, das Fest der drei Monate, die Jahrestage oder Otonans, die Hochzeiten, die Jahrestage des Haustempels (die Odalans), die Einweihungsfeste neuer Gebäude auf dem

Wohnhofe, die Reinigungsfeste nach Krankheiten und Unglücksfällen und schließlich die Leichenverbrennungsfeste. Nach VAN ECK müssen in den Tempeln mit einem Padmasana alle großen Feste in Gegenwart eines Pedanda abgehalten werden.

Das Haus-Ritual.

Diesem Gottesdienst habe ich verschiedene Male im Haustempel eines Priesters in Gianjar beigewohnt, dessen Grija in der Nähe der Pura-Tugu gelegen ist, ferner bei dem Pedanda-Resi in Sedang, sowie bei dem Pedanda-Agung in Sukasada in Buleleng.

Unzählige Male habe ich das Zeremoniell der großen Feste in den Tempeln der verschiedensten Ortschaften, sowohl in Südbali wie in Nordbali gesehen und habe dabei feststellen können, dass das Zeremoniell im großen und ganzen keine Unterschiede enthielt.

Wenn der Priester am Morgen sich von seiner Lagerstätte erhebt, begibt er sich in ein kleines Haus, das als Badeplatz eingerichtet ist, und dort findet die allgemeine Reinigung des Körpers statt.

Ein solches Badehäuschen ist eine kleine viereckige Kammer mit zementierter Diele. Aus einer der Wände ragt eine irdene oder metallische Pfeife heraus, die durch einen Holzpfropfen oder moderner durch einen Hahn geschlossen wird. Aus diesem Rohr entspringt, sobald es geöffnet wird, ein lebhafter Strahl von reinem, klarem Wasser.

Dieses Rohr steht gewöhnlich in Verbindung mit einem Vorratsbecken, das während des Tages durch die Hausbedienung mit frischem Brunnenwasser gefüllt wird.

In der Badekammer beginnt der Priester zuerst das Haupt und das Haupthaar zu waschen (Kramassen), das, wie wir bereits geschrieben haben, lang ist und in einem Knoten auf dem Haupte getragen wird.

Bei dieser Waschung murmelt der Priester ein Gebet, die sogenannte Mantra Adjamas oder Mantra Mambuh. Diese lautet: Ong gegana mur, tang janamah.

Hierauf spült der Priester den Mund, reinigt die Zähne mit Bubut-Asche, die Oöt genannt wird. Er kann aber auch die Asche von Ambulu, Wangkai, Lempene oder Kajen verwenden. Das sind alles Holzarten, deren Asche ein ausgezeichnetes Zahnpulver abgeben. Diese Mundreinigung oder Masisih wird geheiligt durch die Mantra-Asisik mit dem Wortlaut: Ong prigi manik, whus serupa djati, arupa djati tasira.

Von einem anderen Priester hörte ich: Ong seri batri sajogi janamah suwaha.

Nach dem Putzen der Zähne spült der Priester seinen Mund, um die Pulverreste zu entfernen (Kemuh). Dabei lässt er die Mantra Akekurah hören: Ong gemung janamah.

Dann reibt der Pedanda mit seiner feuchten Hand das Gefäß, das zum Reinigen seines Gesichtes dient (Areraup) und murmelt dabei die Mantra Areraup: Ong rat pat suda janamah.

Diese lautet bei anderen Priestern: Ong watra pari suda men janamah suwaha.

Der ganze Körper wird alsdann gereinigt (Siram-Ragane) durch ein Bad unter dem Wasserstrahl oder dadurch, dass man sich mit Wasser übergießt (Siram). Der Priester sagt dazu die Mantra Qiwa-Merta: Ong gangga merta janamah. Diese lautet bei anderen Priestern: Ong parama-gangga merta janamah suwaha.

Wenn die Körperreinigung beendet ist, reibt der Priester sein Haar mit wohlriechendem Öl (Aboda) ein und murmelt dazu die Mantra Aboda: Ong ñama boda oder Ong nama bodaja.

Das geölte Haar wird dann mit einem Kamm ausgekämmt, dem Sisir oder Suwaha, und dazu spricht der Priester die Mantra Asuri: Ong Mahadéwi janamah; oder: Ong Cri Dewi abijuk janamah suwaha.

Das ausgekämmte Haar wird zu einem Knoten oder Prutjut aufgedreht, er hat auch den Namen Giri, das bedeutet Berg, und hierbei wird die Mantra Giri gesprochen: Ong gunung (Berg) ablebet mas si nangling sedep pepantas.

Einige Priester sagen während ihrer Tätigkeit in der Badekammer keine Gebete auf.

Bei einer weiteren Untersuchung wird sich wiederum ergeben, dass die Mantras sehr verstümmelt sind. Ich habe dieselben hier so mitgeteilt, wie ich sie aus dem Munde der Priester hörte, oder wie diese die Mantras für mich aufgeschrieben haben.

Wenn der ganze Körper gereinigt ist, zieht der Pedanda das weiße Priesterkleid an, ein einfaches, weißes baumwollenes Tuch, das einige Male um den Unterkörper geschlungen wird und mit einem Band über die Lenden befestigt wird. (Bild S. 90)

Jedes Kleidungsstück wird wiederum geweiht durch ein Gebet, durch die

Mantra Mawastra für das Hauptkleid, das den Namen Wastra oder Kamben hat, durch die Mantra-Mesabuk für das Sabuk oder den Lendengürtel und die Mantra-Mesaput für das Saput, das Brustkleid, das auch den Namen Kampuh hat.

Diese drei Gebete lauten:

Ong Mahadéwa janamah.

Ong Wisnawé (Kresna) janamah.

Ong Qiwa sethiti janamah.

Gereinigt und bekleidet begibt sich der Pedanda an den Ort, an dem er gewöhnt ist, das Morgengebet zu sprechen, um dann im Haustempel auf einer Bank (Balé) Platz zu nehmen, mit dem Gesicht nach Westen. Diese Balé hat die Namen: Balé-Yasa, Balé-Makanten oder Balé-Buwat.

Die Füße, die wieder unrein geworden sind durch die Wanderung zum Pameradjaän, werden mit reinem Wasser begossen. Gewöhnlich sah ich zu diesem Zweck eine Teekanne mit Guss gebrauchen, wahrscheinlich eine Erscheinung, die auf das Konto der Modernitätssucht zu setzen ist, die ich überall gefunden habe und die die Leute anzuspornen scheint, die hässlichsten Gegenstände europäischer Mache über die eigenen schönen und kunstvollen Gegenstände zu stellen, die bereits seit Hunderten von Jahren in den Familien gebraucht wurden.

Bei der Fußreinigung sagt der Priester die Mantra Mawasuh Pada oder auch wohl die Mantra Brahmaniya auf: Ong kasol kaja janamah.

Die Hände werden dann wiederum gereinigt (Mawasuh Tangán) unter Aufsagen der Mantra Asta-Mantra (Asta bedeutet Hand): Ong rah pat asta janamah (bei PURBATJARAKA: Aum, um rah pat hastaya namah).

Der Priester wendet sich dann auf seiner Balé und kehrt sein Antlitz nach Osten. Dort sitzt er dann mit erhobenem Kopf, die Hände sind demütig in den Schoß gelegt, äußerlich rein und ohne Flecken; so soll er vor Shiwa, seinen Gott, treten, soll ihn bitten, herab zu steigen und in seinem Körper zu wohnen, damit Kraft und Heiligkeit von ihm ausgeht, auf dass er selbst heilig sei.

Vor dem Priester steht dann auf einem ganz niedrigen Tischchen, dem Rarapan, oder auf einem Dulang, das verschiedene Gerät, das der Pedanda gebraucht, das Ciwa-Upakara, doch ist dasselbe zunächst noch bedeckt von einem großen runden Deckel, der aus Flechtwerk hergestellt wird.

Links steht ein hölzernes Kästchen, auf dem die Ghanta (Glocke) ihren Platz hat und rechts ein Dulang.

Die Geräte stehen gewöhnlich auf einem großen kupfernen Teller oder auf einer runden Schale (S.120).

Die Gegenstände sind die folgenden: In der Mitte, nahe vor dem Priester, das Ciwamba (Ciwa-Amba oder Wasser des Shiwa), das Weihwassergefäß, das in den verschiedensten Formen vorkommt und auch bei Shiwa- und Buddhapriestern eine von einander abweichende Form darstellt.

Es gibt Priester, die schöne, goldene und silberne Gefäße von zierlichen Formen gebrauchen, aber es gibt auch Pedandas, die hässliche Gläser verwenden, die den kleinen Goldfischhäfen am ähnlichsten sehen. Einmal habe ich einen Ciwamba gesehen, der vorher als Glasglocke über einer elektrischen Lampe gesessen hatte.

Die Buddhapriester brauchen für gewöhnlich als Pamandiyangan ein silbernes Weihwasserbecken, das auch Tambang genannt wird. Es gibt auch Becher aus Silber und Gold, in denen das heilige Wasser aufgehoben wird, das man bei den Priestern geholt hat. Diese Becher, unter denen zierliche und mit kostbaren Steinen eingelegte Stücke vorkommen, heißen Batils.

Beim „Memukur" gebraucht der Pedanda nicht einen Ciwamba, sondern ein Cangku-Cudamala, den Becher, durch den Unheil und Unreinigkeit abgewehrt werden.

Diese Tierkreisbecher oder Nawa-Sangga sind meistens Familienerbbesitz (Pusaka) und unentbehrliches Priesterattribut.

In dem Ciwamba steckt der Weihwasserquast, der Sesirat oder Sprenger; die Quaste sind aus Grassprossen oder aus Lontarblättern, die, in dünne Rippen geschnitten, an einem Stiel befestigt sind, auf dem deutlich ein „Linga" sitzt, wodurch der shiwaistische Einfluss wieder bewiesen wird.

Wie wir bereits bei dem Vergleich der beiden Priesterarten mitgeteilt haben, gebraucht der Buddhapriester den Sesirat nicht, dagegen nimmt er das Gada, das Zepter des Jama (S.98).

Neben dem Ciwamba liegt noch ein Weihwasserschöpfer oder Tjanting, ein runder tiefer Löffel an einem langen dünnen Stiel, der mit goldenen und silbernen Bändern verziert ist.

Mit diesem Löffel schöpft der Priester das Wasser aus dem Ciwamba in andere Gefäße hinüber. Rund um den Ciwamba, der mitunter noch auf einem Dreifuß steht, liegen auf der Kupferschale duftende, bunte Blumen, wie die Tjempaka-Poetih, die Tjempaka-Kuning, die ausgefaserte rote Kembang-Spatu, die Kembang-Djepun oder Kambodja, die Kenjen, Djempiring und Ergana.

Die sogenannten Nachtblumen, wie die Kembang-Ketrangan, die Podja und andere, dürfen bei den Gebeten nicht gebraucht werden, mit Ausnahme der

Gebete, die in der Pura-Dalem oder dem Totentempel gesprochen werden. Wenn der Priester zu nächtlicher Stunde betet, darf er auch Nachtblumen gebrauchen.

Ferner treffen wir noch die roten Blättchen der Kembang-Spatu an, die in das grüne Stengelblatt in Form einer Pfefferschote gefaltet sind. Diese in solche Form gefaltete Blüte heißt die Sekar-Karpika oder Sekar-Penjembah, während die Blume in der Hand des Priesters den Namen Tuwagana erhält.

VAN DER TUUK gibt noch an, dass die Sekar-Karpika (eine Putjuk-Blume mit Blatt) von denen, die erst mit Toja-Tirta besprengt wurden, hinter beide Ohren gesteckt wird.

Neben dem Ciwamba stehen auf derselben Schale noch einige kupferne Schälchen, in denen enthülste Reiskörnchen und Pulver von Tjendana-Holz ist; das Pulvertöpfchen heißt Pagandaän, von Ganda, was Pulver (Bedak) bedeutet, während die Reisfäserchen Pawidjaän (von Widja-Reis} genannt werden.

Das Ganda wird auf die glimmenden Kohlenstückchen ins Weihrauchgefäß geworfen, um einen wohlriechenden Duft zu erzeugen. Rechts von dem Priester, auf einem anderen Dulang, steht die brennende Lampe, die Pedamaran oder Pedipaän, welche in den Gebeten mit Suryya gleichgestellt wird.

Die Pedamaran ähnelt einem Kandelaber; ihr Reservoir enthält Kokosöl, darin steckt ein Docht aus gedrehter Baumwolle oder andern Fasern; am Handgriff sehen wir meistens eine Naga-Figur oder den Stier von Nandi, auf seine Hinterfüße gekauert.

Neben der Lampe steht der kupferne Pasepan oder Pedupaän, ein kleines Gefäß, in dem ein kleines Kohlenfeuerchen (Holzspäne), mit Weihrauch (Menjan) vermengt, glimmt.

Neben dem Pasepan (von Asep-Rauch), liegt noch eine kleine Feuerzange, eine Art Pinzette, um die schwelenden Holzspäne besser anfassen zu können, wenn sie umgelegt werden müssen.

Ferner befindet sich dort ein kleiner Fächer, um das Feuer besser schüren zu können, womit sich meistens der Helfer des Priesters beschäftigt.

Für das Holz im Pasepan wird gewöhnlich das wohlriechende Dadap, Tjendana, Madjegau und Antjak gewählt.

Ganz links vom Priester steht auf einer Erhöhung (Dulang oder Kistchen) die Pedanda-Schelle, die kupferne Ghanta, die wohlbekannte zierliche, hell klingende Gebets-Schelle.

Der Buddhapriester hat an Stelle der Puspa die Badjra, eine mythische Waffe, den Donnerkeil des Indra, einen kupfernen Stiel, an dessen beiden Seiten fünf Blätter oder Zähne sitzen, welche die Gantha nur auf einer Seite zeigt. Daher kommt es, dass die Gantha auf Bali oft auch Badjra genannt wird.

Bei dem Morgengottesdienst finden wir die oben beschriebenen Gegenstände, die auch auf den Zeichnungen deutlich abgebildet sind, ebenfalls auf der Balé stehen.

Der Morgenritus weicht also sehr wenig von den Zeremonien ab, die wir bei den Tempelfesten betrachten können.

Wenn nämlich ein Priester ein Fest im Tempel leiten soll, an einem Tage, an dem er noch keinen Morgendienst gehalten hat, muss er sich, bevor er mit dem Hersagen der Gebete, die bei diesem Feste gebräuchlich sind, beginnt, erst durch die Zeremonien reinigen, die er sonst in seinem Haustempel während des Morgendienstes abgehalten hätte.

Bei vielen Tempelfesten sind die Anfangszeremonien genau identisch mit denen, die wir soeben beschrieben haben.

Der Priester beginnt also mit einer allgemeinen äußeren Reinigung. Darauf folgt die innere Reinigung durch das Aufsagen von Gebetsformeln, das von bestimmten vorgeschriebenen Handhaltungen oder Mudras begleitet wird und dem Ausführen von Übungen, wie z. B. dem Pranayama, dem Sprengen von Weihwasser über den eigenen Körper und über die Umgebung, sowie das Bestreichen von bestimmten Stellen des Körpers mit Tjendana-Bedak.

Nach dieser inneren Reinigung kann der Priester Bhatara Shiwa ersuchen, herab zu steigen, zunächst in den Ciwamba, um alsdann im Körper des Priesters Platz zu nehmen.

Wenn er Shiwa geworden ist, kann er auch dem Ersuchen der Menschen Gehör geben, bestimmte Gebete auszusprechen, durch welche Segen und Glück ihnen zuteil oder Unheil von ihnen abgewandt wird. Bhatara Shiwa nimmt erst in dem Ciwamba Platz, wenn das gewöhnliche Wasser durch Gebete und Mudras in heiliges Wasser (Amreta) verwandelt ist.

Auf Bali gibt es zwei Orte, an denen das heilige Wasser schon vorrätig ist, in Toja Sindu und in Jeh Gangga, an der Südküste von Tabanan. Die Priester aber betrachten dieses Wasser trotzdem nicht als heilig.

Sehen wir nun, wie der Priester sich vorbereitet, Shiwa zu empfangen.

Er legt ein vielfarbiges Gebetstuch: Kekasan, auf seinen Schoß, lässt die Hände auf den Oberschenkeln ruhen und murmelt zwischen seinen Lippen einige unverständliche, zweifellos geheime Formeln. (S. 122).

Dann streckt er beide Arme mit ausgespreitzten Fingern und mit nach unten gekehrten Handflächen über das Weihrauchgefäß, um dann wieder das unverständliche Gebet fortzusetzen. (Der Priester wollte mir nicht verraten, was er murmelte.) (S.137).

Wir müssen uns hierbei die außerordentlich reinigende und säubernde Macht des Feuers im allgemeinen vorstellen. Mit ihm ist eine große magische Kraft seit den ältesten Zeiten verbunden.

Die Hände haben durch die läuternde Wirkung des Weihrauches allen Schmutz verloren. Deshalb kann nun der Priester den runden Deckel von seinem Gerät aufheben, sodass das Ciwamba sowie die anderen Gegenstände sichtbar werden.

Wieder schweben die Hände über den Weihrauchdämpfen, weil vielleicht durch die Berührung mit dem Deckel eine gewisse Unreinheit entstanden ist.

Hierbei flüstert der Priester die Mantra-Asta-Mantra und die gleichnamige Mudra wird dabei dargestellt.

Dann streicht der Pedanda mit einer Blume in der rechten über die Finger der linken Hand von der inneren Handfläche zu den Fingerspitzen.

Diese Mudra hat den Namen Makara-Sadana; die richtige Tatkaracodhana ist eine symbolische Handlung, die den Zweck hat, die Unreinheit des Körpers durch die Spitzen der Finger zu vertreiben (Bilderseiten 124, 125, 141-1/2).

So wenigstens haben mir einige Priester die Bewegung ausgelegt. Der Pedanda Pidada von Klungkung gab mir aber den Bescheid, dass er an einen solchen Zweck der Handlung nicht glauben könnte, denn die Priester gehörten doch schon zu den Wong Cuci, und es könnte also bei ihnen von einer Unreinheit garnicht die Rede sein.

Nach dem Makara-Sadana nimmt der Priester wiederum eine Blume in seine rechte Hand, hält diese über den Weihrauch, sagt dann mit einer Blume zwischen den Fingern (ngagem puspa oder ngagem sekar} ein Gebet, worauf er die Blume wegschnellt, und zwar viermal hintereinander nach einer der vier Windrichtungen (Bildseite 138-1).

Das Wegschnellen (Metjong Tjandi) ist ebenfalls eine symbolische Handlung, durch welche die Reinigung der nächsten Umgebung erreicht werden soll. Die Priester nennen dieses Wegschnellen der Blumen häufig Metjong Tjandi, weil sie durchweg nicht mehr in den Mantras lesen können: Salahakene sekar maring krodhadeca, mantra: Ong tjong tjandi sa janamah wird durch PURBATJARAKA übersetzt mit: lege die Blumen nach Norden oder Südwesten. Formel: Om, gehuldigt sei dem Candica, das ist Shiwa.

Wenn die Blumen nach den vier Windrichtungen weggeschnellt worden sind, werden sie auch in den eigenen Schoß geworfen, um dem Körper eine höhere Weihe zu geben und bei dieser Handlung wird die Mantra sriamawantu aufgesagt. Purbatjaraka übersetzt: Criyam bhawantu, purnam bhawantu und sukham bhawantu: sei glücklich, vollkommen und von Herzen fröhlich. Nach etlichen Mantras und Mudras legt der Priester die beiden ersten Finger der rechten Hand gegen den linken Nasenflügel und atmet durch das rechte Nasenloch. Dann schließt er das rechte Nasenloch mit seinen Fingern und atmet durch das linke Nasenloch, nachdem er den Atem solange wie möglich in sich behalten hat. (Siehe den Text von Purbatjaraka}.

Diese Übung ist auf Bali noch unter genau demselben Namen bekannt wie in Indien und diese Atemübung, Prana-Yama, wird auch noch genau so ausgeführt. (Bilder S. 130, 131.)

In Indien war es bei der Yogiübung von größter Bedeutung, dass, nachdem man die gewünschte Haltung angenommen hatte, vor allen Dingen sich die Atmung regelte.

Die Atmung muss unter Zucht gebracht werden, durch Verhinderung der Ein- und Ausatmung, die nach bestimmten Zeiteinhaltungen getrennt werden muss, wobei vor allen Dingen die Zwischenzeit von einer Ausatmung bis zur folgenden Einatmung eine bestimmte Dauer haben muss.

Eine solche Atemübung ist ein ausgezeichnetes Mittel, um die Aufmerksamkeit von der Außenwelt abzuwenden.

Die Regelung dieser Atmung ist in Indien der Gegenstand genauester Studien. Nach SPEYER ist die gebräuchlichste Methode die folgende: Man legt den Ringfinger der rechten Hand auf das linke Nasenloch und schließt dasselbe. Dann atmet man aus durch das rechte Nasenloch. Hiernach verschließt man die Öffnung durch den Daumen, atmet durch das linke Nasenloch ein und schließt dasselbe wieder durch den Ringfinger.

Dann sind beide Nasenlöcher geschlossen und man hält den Atem solange an, wie man kann.

In umgekehrter Reihenfolge kann man diese Übung auch noch einmal wiederholen.

Der Zweck derselben ist, den Geist des Yogi abzuhärten. Wenn auch die

Bewegungen bei den balischen Priestern mit anderen Fingern vorgenommen werden und in gewisser Weise erweitert sind, können wir doch erkennen, dass zwischen dem Prana-Yama in Indien und auf Bali kein tatsächlicher Unterschied besteht.

Nach dem Prana-Yama nimmt der Pedanda eine Alang-Alang-Sprosse, gebraucht dieselbe als Schreibstift und schreibt auf das Wasser in dem Ciwamba die heilige Silbe Om: Om, das Monogramm von Ang, Ung und Mang, die heilige Triaksara, das Symbol für Shiva, zusammengestellt aus Wisnu, Icwara und Brahma, wie wir bereits im Surat-Panugraha festgestellt haben.

Diese Handlung ist im Gebetbuch als Ongkara Merta verzeichnet, njurat ongkara heißt das Schreiben von Om auf das heilige Wasser, das Amreta.

Die heilige Silbe soll der Sessel, der Singasana für Shiva sein, damit er sogleich sich in dem Ciwamba niederlässt, dem Weihwassergefäß, in dem das Wasser zum Weihwasser geweiht wurde.

Wir haben gesehen, dass der Priester eine Alang-Alang-Sprosse zum Schreibstift genommen hat. Das Alang-Alang oder eigentlich das Kuca-Gras nimmt noch immer bei den Baliern und besonders bei ihren gottesdienstlichen Zeremonien einen hervorragenden Platz ein.

So wird das Toja-Pelukatan mit Alang-Alang-Sprossen ausgesprengt; um das Ciwamba wird ein Alang-Alang-Halm geknüpft. Ebenso soll der Priester das Karawista um sein Haupt binden, eine Flechte von Kuca-Gras; bei Krankheiten werden seit Alters her Alang-Alang-Sprossen als Opfergaben vorgeschrieben.

Um zu verstehen, wie das Alang-Alang-Gras seine Heiligkeit erhalten hat, müssen wir zurückkehren zur Garuda-Erzählung, die uns aus dem altjavanischen Text des Adiparwa bekannt ist, der von DR. JUYNBOLL herausgegeben wurde und teilweise übersetzt worden ist von VAN HINLOOPEN LABBERTON in der Zeitschrift Batav. Genootschap Teil LI und die im Auszuge auch zu finden ist in Oudh.-Verslag 1921. Erstes Quartal von der Hand von VAN STEIN CALLENFELS.

In wenigen Zeilen zusammengefasst, läuft das Garudeya darauf hinaus, dass Winata durch den Verlust der Wissenschaft von der Farbe des weißen Pferdes (Uccaihcrawas) die Sklavin ihrer Schwester Kadrü, der Erde, geworden war, deren Kinder, nämlich die Schlangen, sie hüten sollte, und diese unangenehme Arbeit übertrug Winata ihrem Sohn Garuda.

Garuda fragte die Schlangen, was sie als Lösegeld für die Befreiung seiner Mutter begehrten, worauf die Schlangen erklärten, dass seine Mutter frei sein sollte, sobald Garuda ihnen das Amreta, den Unsterblichkeitstrank, verschafft hätte.

Unter allerlei Abenteuern begab sich Garuda auf den Weg zum Berge Comaka, zur Stätte des Amreta.

Trotz der Maßregeln, die Indra getroffen hatte und trotz der heftigsten Zornausbrüche der Götter, trotz der scharfen Bewachung durch zwei Nagas gelang es dem Garuda, den Krug mit Amreta zu rauben.

Er kehrte eilig zur Wohnstätte der Schlangen zurück, rief diese zusammen, übergab ihnen das Amreta als Lösegeld für seine Mutter und teilte ihnen noch mit, dass, bevor sie den Trank in sich aufnähmen, sie zuerst ein Bad nehmen und Gebete sprechen müssten.

Darauf kehrte der Garuda mit seiner frei gewordenen Mutter in den Himmel zurück.

Die Nagas beeilten sich, zum Baden zu gehen, damit sie so schnell wie möglich den Trank des Amreta in sich aufnehmen könnten. Keine einzige Schlange blieb zurück, um den Krug zu bewachen. Diese Lage nutzte Indra aus, um das Amreta wieder zurück zu rauben.

Als die Schlangen endlich fertig waren und zurück kamen, war der Krug verschwunden. Nur ein einziger Tropfen war am Kucagras hängen geblieben. Die Schlangen wollten diesen einzigen Tropfen noch auflecken, aber dabei spaltete sich ihre Zunge durch die Schärfe des Alang-Alang-Grases.

Und so ist das Alang-Alang bis heute ein heiliges Gras geblieben, weil es einmal durch das Amreta angefeuchtet worden ist.

Mit diesem heiligen Alang-Alang schreibt der Priester also auf die Wasserfläche in dem Ciwamba und bereitet damit dem Bhatara Shiwa seinen Sitz. Nun beginnt der Pedanda auch mit der Weihung des Wassers zum Amreta.

Dazu nimmt er eine Kembang-Tundjung in die rechte Hand, taucht diese in die Gefäße mit Reis (Widja) und Tjendana, in das Pawidjaän und in das Pegandaän, hält dann die Blume über den reinigenden Weihrauchdampf, spricht ein Reinigungsgebet, während die Blume zwischen seinen beiden Händen ruht, und schließlich wirft er die geheiligte Blume in den Ciwamba (Bild S.138).

Der Reis, so sagt der Priester, dient, die Lebenskraft, Bayu, zu stärken. Die Blume selbst macht die Stimme, die Sabda, kräftig, während das Ganda-Tjendana den Geist, den Idep, verschärft, sodass also durch die Blume, den Reis und das Ganda die Elemente des Körpers gestärkt und aufgebaut werden. Hier sehen wir die Vorstellungen Bayu, Sabda und Idep oder Atem (Feuchtigkeit), Stimme und Geist, die wir vorhin in der Lehre des Aruni angetroffen haben. Das sind dieselben Elemente, über die unser großer WILKEN im dritten Teil seiner verstreuten Schriften spricht, in denen wir auf Seite 10 eine Erzählung aus Holle´s Snippers finden (siehe Ind. Zeitschrift T. L.V. Teil 17), in welcher vermerkt wird: „Im sundanesischen Volksglauben besteht das Wesen des Menschen aus drei Bestandteilen, Atji, Juni und Sukma oder Leben, dem Willen (Sympathie, Charakter) und der Seele, die denkt und weiß. In den Bandungschen und Tjiburuischen Handschriften wird das menschliche Leben zusammengestellt aus: Bayu, Sabda und Hidep, Wörtern, die in den Handschriften Kette und Einschlag sind.“

Wir haben hier mit allgemeinen und besonders allgemein polynesischen Vorstellungen über die Zusammensetzung des menschlichen Körpers zu tun.

Diese drei Elemente kommen dann durch die Blume mit dem Reis und der Ganda in das Ciwamba und vermischen sich mit dem Wasser, das später als ein heiliges und stärkend wirkendes Mittel nicht ausgelassen werden darf.

Es ist aber auch möglich, dass die genannten Elemente in das Ciwamba gebracht werden, um zum Aufbau des Körpers der Gottheit Shiwa zu dienen.

Nun ist das Weihwasser fertig. Wir hören das aus den Worten des Priesters, der in seinen Gebeten die sieben Arten des heiligen Wassers, die Sapta-Gangga aufzählt, woraus sich ergibt, dass das Amreta fertig ist.

Diese sieben Wasser sind: Gangga, Saraswati, Sarayu, Sindhu, Godawari, Narmada und Yamana.

Der Buddhapriester nennt nicht die Sapta-Gangga, die Namen der sieben Ströme in der Ebene von Indus und Ganges, sondern die Panca-Katirtha, die, wie ich glaube, die fünf Seen in derselben Ebene bezeichnet.

Mit Bezug auf die heilige Toja-Tirta und die bevorstehende Herabkunft des Shiwa hören wir den Priester eine ganze Reihe von Gebeten hersagen, wozu die entsprechenden Mudras dargestellt werden.

Nach Beendigung dieser Gebetsreihe ruhen die Hände eine Weile über dem Ciwamba, dann nimmt der Priester die Ghanta, die Gebetsglocke, in die linke Hand, besprengt dieselbe mit dem soeben entstandenen Weihwasser, wozu ein Weihwassersprenger oder Sesirat gebraucht wird.

Die Ghanta hält der Priester in der linken Hand und eine Blume (Sekar oder Puspa) steckt zwischen Zeigefinger, Mittelfinger und Daumen der rechten

Hand (Bild S.136-2). Mit der Blume schlägt der Pedanda den Klöppel der Glocke dreimal (Bild S.143-2) von vorn nach hinten, um diese dann zurückfallen zu lassen, wodurch wir dreimal durch das Zurückfallen des Klöppels einen hellen Klang vernehmen.

Der Zweck dieses „Nengara Ghanta" ist, dass sich nun Bayu, Sabda und Idep zu einem harmonischen Ganzen vereinigen sollen, so wie die drei Klänge auch harmonisch ineinander fließen. Bayu, Sabda und Idep nehmen also Form und Gestalt an und werden Körper, wie ich vermute: Shiwa.

Bis jetzt hat der Priester die Gebete ohne Begleitung der Gebetsglocke hergesagt. Nunmehr nimmt er die Glocke zur Hand und beginnt seine Gebete zu singen, während die Glocke in der linken Hand dauernd in Bewegung gehalten wird (Bilderseiten 126, 127).

Es wird wiederholt eine Blume genommen, in das Ciwamba getaucht, über dem Weihrauchgefäß gereinigt und dann über die Lampe gehalten, die zu diesem Zweck vom Priester hochgehoben und unter der Blume herumgedreht wird.

Auch die Glocke wird über das Weihrauchgefäß und über die Lampe zur Reinigung gehalten (Bilderseiten 116, 117 und 118, 119). Dabei müssen wir wiederum an die läuternde Kraft des magischen Feuers denken.

Mit der Glocke in der linken und der Blume in der rechten Hand (bei dem Pedanda-Buddha das Badjra), bekannt als Ngagem Sekar, Ngagem Ghanta (Bilderseiten 136-2 und 126, 127) sagt der Priester wiederum eine Reihe von Gebeten her, die sämtlich plötzlich in einem schnelleren und kräftigeren Läuten der Glocke endigen, und dieses Läuten endigt wiederum in einer schnellen Finale, und diese Phase wird mit Njangkepin (Bilderseiten 116, 117 und 126, 127) bezeichnet. (Sangkep oder Djangkep bedeutet genug, vollzählig, komplett).

Die gebrauchten Blumen werden stets weggeschnellt. Alsdann besprengt der Priester sich selbst mit Weihwasser zum sogenannten Mebasma, das ist das Bestreichen des Körpers mit feinem Tjendanapulver.

Der Priester nimmt dabei etwas Pulver in die Höhle der linken Hand, murmelt ein leises Gebet, um dann mit den drei ersten Fingern der rechten Hand in die Tjendana zu tauchen. (S. 140-2). Alsdann berührt er mit den Fingern das Schädeldach (Ciwadwara), den Raum zwischen den Augen (Lelata), den Adamsapfel (Mula Kanta), die rechte und linke Schulter, beide Ellenbogen und die übrigen Gelenke unter Aufsagen der Mantra Darmadjati.

Pedanda Pidada von Klungkung schnellte beim Mebasma allein dreimal den Reis und Tjendana nach oben.

Der Zweck des Mebasma soll sein, die letzte Unreinheit des Körpers auf dem Wege durch das Schädeldach und die Gelenke zu vertreiben, weil Shiwa im Körper Platz nehmen soll.

Nach dieser letzten Reinigung sehen wir denn auch, dass der Priester das göttliche Gewand, die Attribute des Shiwa, anlegt.

Hierunter verstehen wir: Das Karawista, das Band von Alang-Alang, das um den Kopf getragen wird (Bilderseiten 126, 135). An der Vorderseite sind einige Stempel der Kembang-Spatu in den Knoten des Alang-Alang gebunden. (Bei balischen Hochzeiten legt der Priester unter dem Murmeln von Weden (Mantras) den Jungverheirateten ebenfalls dieses Karawista um den Kopf.)

Das Schulterband, Sampet oder Selimpet, ist ein zehn Zentimeter breiter weißer oder schwarzer baumwollener Streifen, der von der linken Schulter nach rechts über die Brust läuft und um die Mitte geschlagen wird.

Die Mitra (Bawa, Ketu oder Djata) ist meistens von roter Farbe und mit Edelsteinen und einem Kecabrana von Genitrikernen verziert.

Djata ist eigentlich eine Bezeichnung für die aufgebundene Haarflechte der indischen Einsiedler.

Die Priestermütze ist oben breiter als unten und sinkt auf dem Hinterhaupt tiefer hinab als auf der Stirn. Sie besteht aus 13 gleichweiten Ringen von schmalen goldenen Streifen, bei denen wir an die 11 Abteilungen der Meru denken müssen.

Das Kecabhrana ist ein mit Gold überzogenes Band, das mit sogenannten Suryyakanta (von der Sonne belichteten) Kristall-Perlen besetzt ist.

Auf dem Vorderkopf, in der Mitte der Mitra, sitzt ein Linga, ein spitzes Stück Kristall, während auf der Spitze der Djata eine Kugel sitzt, die einen Linga trägt, was wahrscheinlich wiederum ein Zeichen der Vermischung des Buddhismus mit dem Shiwaismus anzeigt.

Die kristallenen Spitzen auf der Mitra sind zeitweilig Knöpfe von Weinkaraffen oder Käseglocken etc.

Die Ohrringe, Anteng oder Karnabharana, Ringe, die aus Genitri-Kernen gemacht sind, werden über die Ohrmuscheln gehängt.

Die Halsketten werden Kantabharana oder auch Atmabharana genannt.

Die Brustkette oder Wayubharana ist etwas länger als die Halskette.

Ohrschmuck, die sogenannte Kundala, eiförmige kristallene Zierate, wird durch einen goldenen Ring im Ohr befestigt.

Armbänder haben die Bezeichnung Asta-Bharana. Der Daumenring heißt

Angusta-Bharana.

Die Brahmanenschnur wird auch Selimpet genannt und ist eine dreifache, lange Genitri-Schnur. Die drei Genitri-Kernstränge enthalten nach dem Lontar Brahma-Mukta im ganzen 1700 Kerne und endigen in einem Schlussstück, das mit drei kristallenen Linga versehen ist. Die herabhängenden Schnüre sind mit Edelsteinen verziert und zwar mit:

roten Opalen (Pacala-Oepala);

weißen Steinen oder Suryyakanta;

schwarzen Steinen oder Manik-Girangan.

Wir sehen hier wiederum die drei Farben rot, weiß und schwarz für Brahma, Icwara und Wisnu, die zusammen die Trimurti bilden, jene Drei-Einheit, die wieder in der Einheit Shiwa enthalten ist.

In der Hand hält der Priester dann noch eine lose Schnur, den sogenannten Rosenkranz, der ebenfalls aus Genitrikernen gemacht ist. Das sind kleine, schwarze Kerne einer Frucht, die häufig auf Java und auch in Djembrana (Südwestbali) vorkommt.

Im neunten Teil von KERNS verstreuten Schriften finden wir auf Seite 259 auch eine Mitteilung über die Genitri.

Der gelehrte Schriftsteller teilt dort nämlich mit, dass Genitri: Elaeocarpus: Malayisch Ganitri, Javanisch Genitri oder Jenitri, deutlich ein Sanskritwort darstellt, obwohl man dasselbe bis jetzt noch nicht angetroffen hat, während merkwürdigerweise ein Diminutiv: Ganitraka u.a. in Hemadri´s Caturwarga Cintamani 1: 266 : 20 vorkommt. Das Ganitrika ist ein Instrumentchen zum Abzählen, ein Rosenkranz. Nach Anderen ist es auch ein Halsschmuck und hat den Namen Ganatrika.

Höchstwahrscheinlich war der Rosenkranz zur Zeit der Abfassung des Ramayana noch nicht in Gebrauch, wenigstens nicht bei den brahmanischen Mönchen.

Vermutlich ist der Rosenkranz eine shiwaistische Erfindung, die später bei Anderen und auch bei den Buddhisten Verwendung gefunden hat.

Es ist sehr bemerkenswert, dass auch dieses Attribut auf Bali sowohl beim Shiwapriester als beim Pedanda-Buddha angetroffen wird.

Der lose Rosenkranz besteht nach Aussagen der Priester auf Bali gewöhnlich aus 108 Kernen oder Perlen.

Diese Genitrischnur gleitet während der Gebete dreimal hintereinander durch die Hände (Bilderseiten 128, 129). Einmal, wie mir der Priester sagte, für Bayu, einmal für den Atem oder Idep (den Geist) und das dritte Mal für Sabda, sodass wir hier wiederum die drei Begriffe haben, die uns bisher schon mehrfach vorgekommen sind.

Diese dreimalige Handlung mit dem Rosenkranz bezeichnet ebenfalls das Eingedenksein an Yapa, Yoga und Samadhi, die zusammen nach Meinung des Priesters das Dhyana-Yoga bilden.

Das Dhyana-Yoga ist eigentlich einer der Teile des Yoga, des Sadangga-Yoga, der den Priestern zur Waffe dient, die eine sechsfache Übung unterscheiden und zwar:

Pranayama-Yoga: die Atemübung.

Pratyahara-Yoga: die Sinneswerkzeuge der Sinnlichkeit dem Gefühl und dem Verstand entziehen.

Dharana-Yoga: Konzentration des Atems auf den Geist.

Dhyana-Yoga: die ungeteilte Einsicht, die ohne Störung stand hält.

Tarkha-Yoga: dem Äther gleich, wie der Lichtraum, hell und rein.

Samadhi-Yoga: ohne die vier Formen des Kalpana.

Die Yoga-Übung kennen die Balier noch sehr wohl, wenn auch nicht so vollständig wie in Indien. Die Bevölkerung kennt nicht einmal den Namen. Die Priester aber wissen ganz genau, dass, wenn sie einmal in die Befreiung, das Kamokshan eingehen wollen, sie sich mit Mantra, Yapa und Puja, mit Zaubersprüchen, gemurmelten Gebeten, und Verehrungen beschäftigen müssen. Sie wissen, dass, wenn sie die heiligen Übungen vernachlässigen, sie niemals das Samadhi, den Punkt, in dem Subjekt und Objekt zusammenfallen, erreichen werden, das heißt jenen Zustand, in dem der höchste Geist (der Gegenstand der Betrachtung) mit seinen Ausstrahlungen den individuellen Geist, das Subjekt der Betrachtung durchdringt.

Das Samadhi, das einen Weg zur Erreichung der Erlösung darstellt, das Samadhi, das in siebenfacher Form dargestellt wird, dessen siebente Form wiederum die höchste ist, erreicht durch den Tod das Nichtsein und durch das Nichtsein die Befreiung.

Das wird der Zustand sein, in dem der Priester sagen kann: ah ring nabhi und am ring ciwadwara, der Augenblick, in dem die Seele nach außen tritt (teka ing pati), weil sie kein Sansara mehr kennt und erlöst (kalepasan) ist.

Das alles muss der Priester bedenken, während der Rosenkranz dreimal durch seine Hände gleitet.

Das soeben beschriebene Priesterkleid legt der Pedanda nur an, wenn er im Tempel eine Feier leitet. Beim Morgendienst begnügt er sich mit dem baumwollenen Selimpet.

Alle einzelnen Teile werden während des Ankleidens im Tempel wieder über den Weihrauch gehalten und ein stilles Gebet wird über sie gesprochen (Mantra-Singid oder Mantra-Geginengan), bevor sie gebraucht werden.

Wenn das Ornat des Shiwa angelegt ist, werden wiederum verschiedene Gebete gesprochen, die nicht eher mitgeteilt werden können, bis die Priesterbücher in sachverständiger Weise erklärt worden sind, und ich habe dieselben Purbatjaraka übergeben.

Eine merkwürdige Handlung unter den vielen noch nicht aufgeklärten Bewegungen des Priesters ist auch das Ngili Atma (Bilderseiten 134, 135), das Heraufführen der Seele aus dem Unterleib nach oben auf das Schädeldach. Man vergleiche PURBATJARAKA, der die Formeln nennt und zwar: Leg die Hände aufeinander in den Schoß, die linke Hand nach oben gekehrt, die rechte nach unten, verehre die Gottheit, bringe die Hände nach oben zur Fontanelle, das ist Amretamudrasadhana; Verehrung sei dem guten und vortrefflichen Shiwa-Nectar. Es mag sein, dass wir hier eine Handlung haben, die in Beziehung zur Am-Ah-Formel steht.

Nach der Erklärung des Priesters wird die eigene Seele aus dem Unterleib hinauf geführt zum Schädeldach, weil Shiwa dort selbst Platz genommen hat.

Beide Hände, in denen sich eine Blume befindet, werden zuerst in die Magenhöhle gelegt, dann werden sie aufwärts erhoben bis zur Höhe des Scheitels.

FRIEDRICH teilt mit, dass das Empfangen der Gottheit vom Priester durch Erschütterungen und Krämpfe seines Körpers begleitet wird.

Ich habe nichts davon wahrgenommen, obwohl ich jahrelang auf ganz Bali zahllose Priester die Tempelfeste habe leiten sehen.

Wohl sieht man die Krämpfe bei Pamangkus und Balians, sowie auch bei Permade's und Wewalens, wenn die Gottheit in sie eingeht. Wir dürfen aber nicht vergessen, dass bei diesen Personen eine unbewusste, bei den Priestern aber eine bewusste Vereinigung mit der Gottheit eintritt.

Nach der Ngili-Atma sagt der Priester wiederum eine Reihe Gebete auf; dann werden Blumen und Reiskörner weggeschnellt, um die Heilung der ganzen Welt (Sapta Loka) sowohl für den Mikrokosmos wie für den Makrokosmos zu erbitten.

Hierauf tut der Priester in ein besonderes irdenes Gefäß (Pajuk) Weihwasser, das sogleich nach Beendigung des Gebetes an Liebhaber verkauft werden soll.

Jetzt folgt das Menuntun-Atma. Die Seele wird von ihrem hohen Standort (symbolisch) zurück gebracht in die Bauchhöhle. Dann sprengt der

Pedanda aus einem kleinen Gefäß ein wenig Wasser um sich aus (Bilderseiten 120, 121) und trinkt dann davon dreimal einen kleinen Zug. Das ist das Toja-Pelukatan, das dazu dient, die Speiseröhre zu reinigen, weshalb reines Weihwasser getrunken wird.

Jetzt folgen noch einige Gebete und Mudras, dreimal wird wiederum die Glocke angeschlagen (Nengara Ghanta), doch in umgekehrter Richtung mit dem Zweck, dass sich nunmehr Bayu, Sabda und Idep wieder auflösen können.

Der Priester gibt dann etwas Toja-Tirta in die Höhle seiner rechten Hand und schlürft (Nitip Toja) dann kleine Züge von dem heiligen Wasser. (Bilderseiten 132,133.)

Sofort darauf wird die Karawista abgelegt, weil der Priester wieder Mensch geworden ist und Shiwa-Attribute nicht länger tragen darf.

Mit seiner noch feuchten Hand streicht er über sein Gesicht, steckt einige Blumen in seinen Haarknoten (der Buddhapriester über das Ohr), und die übrig gebliebenen Blumen wirft er in das Weihwassergefäß. Dann verlässt er den Gebetstisch. Der Ritus ist beendet.

Nach dem Morgengebet gibt der Priester häufig das Weihwasser aus an jene, die dasselbe aus seiner Wohnung holen und entweder nehmen sie die Tirta in einem Becher mit oder sie werden mit demselben gesegnet (Bild 144).

Der Priester darf das Weihwasser in Amtskleidung nicht an Sudras ausgeben, denn in dieser Kleidung ausgegeben, soll das Weihwasser zur Verherrlichung der Götter dienen, während der Triwangsa allein von dem Weihwasser Gebrauch machen darf.

Wenn der Priester diesen Reinigungsritus im Tempel zur Vorbereitung eines allgemeinen gottesdienstlichen Festes abgehalten hat, soll er nach dem Weda-Sapta-Loka die Opfergaben Isuh-Isuh den Göttern angeboten haben. Das sind Opfergaben, die u. a. aus Eiern, Sirihblättern und Kepengs (Bali-Münzen von chinesischer Herstellung im Werte von 1/7 holländischem Cent) und Mehl bestehen, und diese Opfergaben dienen dazu, die übrigen Banten, die im Tempel zur Ehre der Götter bereitgestellt werden, von vorhandenen Unreinigkeiten zu reinigen.

Nach dem Anbieten der Isuh-Isuh, das auch wieder begleitet wird vom Aufsagen von Mantras, werden die Weda-Astawa-Ke-Sanggar hergesagt, wobei das heilige Wasser aus der hohlen linken Hand nach außen geschnellt wird.

Dann wird einiges Feuerwerk in der Nähe des Kulkul im Tempel abgebrannt (ein Verkündungszeichen), um allen im Tempel anwesenden Besuchern zu verkünden, dass das Gebet Astawa-Ke-Suryya stattfindet und dass jetzt die Opfergaben Suryya, das ist Shiwa, angeboten werden, wobei die Anwesenden mit einer Blume in den gegeneinander gelegten, ausgebreiteten Fingern der Hände den „Sembah" mitmachen.

Dann wird dem Pamangku Gelegenheit gegeben, die Banten-Sor, das heißt die Opfergaben für die bösen Geister, darzubringen (sie heißen Masegeh Ring Buta oder Menjimpan); diese Opfergaben werden alsdann verbrannt. Hierauf besprengt sich der Priester selbst mit Toja-Tirta, trinkt das Pelukatan-Wasser, schlägt die Glocke an und es folgt das Nitip-Toja, womit genau wie beim Morgendienst das Gebet endet.

Die Priester nannten mir jedoch die Namen der Gebete, die sie hintereinander hersagen. Zuerst sagen sie die Mantras auf, um das Weihwasser für das Makarya-Toja zu machen. – Diese Mantras, welche wiederum eingeteilt werden in hohe, mittlere und tiefe (utama, madya und nista) heißen: Pudja Arga, welches obenan steht;

Pudja Parikrama oder das mittlere;

Pudja Asta-Mantra oder das niedrige.

Wir stellten bereits fest, dass der Priester im Hausdienst an einem gewöhnlichen Tage sich mit dem Pudja-Parikrama begnügen kann.

Hierauf folgt eine zweite Gruppe, die Weda-Astawa-Ke-Sanggar, das sind die Gebete, durch welche den Bhataras Ehre und Huldigung erwiesen wird und diese Weden werden eingeteilt in:

Weda Ciwa Astawa;

Weda Sada Ciwa Astawa;

Weda Prama-Shiwa Astawa.

Eine weitere Gruppe sind die Reinigungsgebete, die unter dem Namen Weda-Cuci allgemein bekannt sind und eingeteilt werden in:

Pawitra; buktijan ring Bhatara; und die Catur-Weda, und diese letzte muss auch am Kliwon hergesagt werden.

Dann nannten die Priester noch die Gebete für die Butas, für die Sorohan, und zwar: Kala-Astawa; Buta-Astawa; Durga-Astawa.

Eine besondere Gruppe bilden noch die Gebete, die sich auf besondere Festlichkeiten, z. B. auf die Leichenverbrennungsfeste, beziehen, wobei der Weda Gira-Pati, das Brahmana-Astawa und das Astawa-Pitra, ferner Ngelukat und schließlich die Mantra-Akaca hergesagt werden.

Die Gruppe der Pudja hat wieder Unterabteilungen in einer Reihe von kurzen Gebetsformeln, die in Verbindung mit den dazu gehörigen

Handhaltungen hergesagt werden. In den Gebetbüchern wird ungefähr bei jedem Gebet eine Beschreibung der dabei auszuführenden Mudras vorangesetzt, wobei oft genau die Haltung der Hände und Finger beschrieben wird, sodass die Priester bei diesen Haltungen eine bestimmte Vorschrift befolgen können.

Im Gebetbuch des Pedanda-Buddha von Batuan (Gianjar) sah ich, dass der Text begleitet war von ganz primitiven Zeichnungen, welche sich auf die Mudras bezogen und zweifellos zur Bequemlichkeit der Priester skizziert worden waren.

Die Namen der Reihe von Pudja-Mantras, welche die Priester mir angaben, lauteten unverändert wie folgt:

Mantra asta- mantra	swara-wyanjana
Takara-sadana	swara-ke-djero
Kuta-mantra	jara-lawa
Tala-bedana	Nawa-sakti
Kepok-petik	asta-greha
Neradja - mudra	tri-aksara
Baang-netra	tri-samaya
Asta mreta-mudra	(njurat ongkara)
padma-redaja	upeti
Sria mawantu	sethiti
Prana-yama	sangkepin
Ciwa-kerana	gangga astawa
Tri-tatuwa	sangkepin
Pasang sesirat ciwamba	astawa Wisnu
Padmasana mantra	astawa bhatara Gangga
catur – aicwaryya	akcama Dewa
padma-redaja	Pant ja aksara

Auf Seite 83 des Negarakrtagama meint Professor KERN, dass mit der Bezeichnung Pantja-Aksara ein verblümter Beiname des Dichters gemeint sei, wobei der gelehrte Schriftsteller nicht daran dachte, dass mit Panca-Aksara hingezielt wird auf die fünf mystischen Silben: hum, tram, hrih, om und ah, denen wir immer und immer wieder begegnen und die auch genannt werden in: GRÜNWEDEL: Mythologie des Buddhismus in Tibet, Seite 149:

sangkepin	Dirgha aju Ciwa
sapta gangga	astawa-Ciwa
padya-mantra	Aju-werdhi
astawa-suryya	sangkepin
mepernamya	puput (einde).

Die Handhaltungen

Tyra de Kleen ist es gelungen, die Priester während ihres Gottesdienstes abzubilden. Die Stellungen, welche ihr durch die Schönheit ihrer Linien und Haltung und solche, die ihr aus ethnographischen Gesichtspunkten wesentlich schienen, hat sie für ihr Werk gewählt. Ihre Arbeit gibt also kein vollständiges Bild vom ganzen priesterlichen Ritus, denn um sämtliche Haltungen festzulegen, müsste man viele Jahre arbeiten. Es ist möglich, dass für wissenschaftliche Zwecke einmal eine kinematographische Aufnahme gemacht werden kann, aber bei einer solchen Aufnahme ist immerhin sehr zu fürchten, dass die Einzelheiten zu undeutlich sein werden, um wissenschaftlich verwertet werden zu können.

Sowohl vom Buddha- als vom Shiwapriester hat die Malerin eine Serie großer Zeichnungen angefertigt und zwar zwei von jeder Haltung, eine von vorn und eine von der Seite.

Der Vorteil dieser zweifachen Aufnahme springt sofort in die Augen, wenn man die Zeichnungen betrachtet, denn man erkennt, dass durch dieses Verfahren die Haltung des Priesters, und besonders die Haltung der Hände, viel deutlicher wird.

Außer den großen Zeichnungen gibt Tyra de Kleen noch zwei Serien kleiner Abbildungen, die sich besonders auf die Hände beziehen, und wiederum Buddha- und Shiwapriester getrennt. Welche Bedeutung diese Mudras auf Bali haben, kann man noch nicht mit Sicherheit sagen. Ist es eine einfache Handfigur, die auch bei Beschwörungen gebräuchlich ist, wie KERN meinte? Oder gehört die Mudra auf Bali ebenfalls noch zu den drei Mysterien (Meditation, Rezitation und Mudra), welche die Eigenschaften von Buddha in uns hervorrufen sollen?

In dem Werke: „Gesten des Zelebrierenden in den mystischen Zeremonien der Sekten Tendai und Signon" lesen wir: „Die Mudra ist die mystische Geste, die der Priester macht, um eine wahrnehmbare Gestalt für die heilige Formel zu geben und in gewissem Grade den Sinn und Wert derselben zu betonen."

Zweifellos können wir der balischen Mudra ebenfalls diese Bedeutung zuerkennen, aber darüber hinaus wird wohl an eine tiefere Bedeutung zu denken sein.

Die Symbolik von der rechten und linken Hand, wie auch die Bedeutung der fünf Finger scheinen die balischen Priester nicht mehr erklären zu können, obwohl aus ihren Gebetbüchern hervorgeht, dass in der Mantra Tatkaracodhana jedem Finger Verehrung dargebracht wird.

Die Handhaltungen oder Mudras werden auf Bali mit Petanganan bezeichnet und für dieses Wort gibt VAN DER TUUK in seinem Wörterbuch die Bedeutung: die streichende Berührung der Hände.

Aus dem Text, den PURBATJARAKA in spezieller Verbindung mit den Zeichnungen gab, geht deutlich hervor, dass nur die folgenden Handhaltungen eine Benennung haben: Ngagem Sekar, die Blume in der Hand; Tatkaracodhana, die Handreinigung beider Hände mit einer Blume (oder ohne die Blume nur mit den Fingern), in Bedak getaucht zur Reinigung, wobei für jeden Finger eine besondere Formel gesprochen wird (siehe Bilderseiten 124, 125 und 141-1/2); Lepa-Lepaning, das Reiben der Handflächen gegeneinander, das auch Kepok-Petik genannt wird (S. 139-2).

Das Heranbringen der Blume an die Nase.

Das Hinneigen der Blume nach den Windrichtungen, das von den Priestern irrtümlicherweise „Metjong-Tjandi" genannt wird.

Ngili Atma Mudra, die hier Amrtamudrasadhana genannt wird (Bilderseiten 134/135).

Gegeneinanderhalten der Hände (Takepang).

Die Stellung einer Faust mit beiden Händen (Pustihang), dasselbe wahrscheinlich wie Musti (S.111-1). Pranayamamudra oder Atembezwingung.

In den Gebetsformeln kommen noch einige Worte vor, die auch von den Pedandas gebraucht werden, um einige Mudras zu bezeichnen. Zu diesen rechne ich: Asta-Mantra-Mudra; Bang (Barn) Netra (139-1); Naraca-Mudra, von Purbatjaraka nicht entziffert (140-1); Swikarana (Siwikarana 142-1); Tritattwa (122/123) und Aghora in der Formel: aum, am, aghoraya namah (143-2).

Unter dem Aussprechen der Formeln, in denen die Worte vorkommen, werden bestimmte, in den Zeichnungen aufgenommene Handhaltungen ausgeführt, welche, wie es scheint, nicht Mudra genannt, aber von den Priestern, welche die Worte scheinbar nicht mehr verstehen, mit jenen Lauten bezeichnet werden.

Die Mantras, welche die Priester bei der Herstellung des Weihwassers (Makarya Toyapabresihan) gebrauchen, ähneln sehr häufig den Formeln, welche von den Dukuns und Balians gebraucht werden. Zur Hauptsache kommen sie auf eine Verehrung der verschiedenen Teile des menschlichen Körpers heraus, des Makrokosmos der Sonne und des Himmels, unter Anrufung der heiligen Silben: aum, am etc..

Im Text habe ich durch Beifügung der in Klammern gesetzten Zahlen angegeben, welche Zeichnung das dort Besprochene illustriert.

Wenn wir die Zeichnungen noch einmal verfolgen, finden wir auf dem Titelblatt und auf der Schlussvignette jeweils dieselbe Zeichnung dargestellt wie auf Bildseite 116 und 136-1.

Die Serie beginnt mit einem Bild des Buddhapriesters in dem Augenblick, in dem er den Blumenpfeil nach den Windrichtungen abschießt, so wie es seine Gewohnheit bei der Leichenverbrennung von Ksatriyas ist.

Wie schon bemerkt wurde, hat uns PURBATJARAKA gelehrt, dass der Priester mit diesem Attribut ohne Zweifel an Kama, den Gott der Liebe, denkt.

Die beiden folgenden Zeichnungen 91 und 92 stellen den Buddhapriester mit Ghanta und Badjara, der mystischen Waffe des Gottes Indra, dar, welche er an Stelle der Puspa benutzt.

Zeichnungen 92 und 93 stellen den Priester in dem Augenblick dar, in dem er eine Blume, die er wahrscheinlich als Sesirat gebraucht hat, über das Ciwamba hält.

Unter den Geräten sehen wir auf den Bildern deutlich die Ghanta links vom Priester und die Badjra rechts von ihm, und beide Gegenstände zeigen die fünfzähnige Blatt-Krone.

Im Vordergrund das kupferne Canti oder die Flagge, die während des Murmelns der Gebete nach allen Windrichtungen gedreht wird.

Die Haltung, die auf den folgenden Bildseiten 95 und 96 wiedergegeben wird, sah ich nur bei dem Priester von Batuan, jenem Pedanda, der mir seine merkwürdigen Mantra überließ, ein außerordentlich exaltierter Mensch, der, wie mir scheint, abweichende Handhaltungen darstellte. Er war auch der einzige Priester, bei dem ich während des Zelebrierens krampfhafte Bewegungen sah.

In seinem Mantrabuch, das durch Abbildungen erläutert ist, kam diese sehr schöne Mudra ebenfalls nicht vor.

Auf Abbildungen 97 und 98 sehen wir den Priester mit dem Rosenkranz, der zwischen den beiden erhobenen Händen hängt, nachdem das Ganitri über den Weihrauch gehalten ist.

Die folgende Phase (99 und 100) gibt ebenfalls das Ganitri wieder, das zwischen den Händen in ein Kreuz gelegt ist, in jenem Augenblick, in dem eine „Verehrung an das Ganitri" gesprochen wird.

Auf den Zeichnungen 101 und 102 ruht die rechte Hand in der Magenhöhle und die linke weist mit dem ausgestreckten ersten Finger nach oben, das ist eine Haltung, die bei der folgenden Mantra in umgekehrter Folge ausgeführt wird. Die Haltung auf den Zeichnungen 103 und 104 wird für gewöhnlich nach dem Aussprechen einer Gebetsformel angenommen, als ob der Priester die Kraft der magischen Worte in ihrer Meditation noch verarbeitete.

Für die Mudra der Zeichnungen 105 und 106 wurde der Malerin in Karangasem die Bezeichnung Badjrayaksa genannt.

Die folgenden vier Bilder (107-110) geben mir keine Gelegenheit zu Anmerkungen. Die Namen derselben sind mir nicht bekannt.

Für die Handhaltungen auf Bild 111-1 wird „Musti" angegeben; ob Musti mit Pustihang zusammenhängt, das heißt mit dem Zusammenlegen beider Hände zu einer Faust, scheint mir nicht durchaus unmöglich.

Über die folgenden Nummern der Serie kleinerer Zeichnungen ist vorläufig nichts Bestimmtes zu sagen. Die Nummern 114-1 und 115-1 werden von den Priestern mit Bang (Barn) Netra sowie Badjrayaksa bezeichnet. (Siehe auch Zeichnungen 105/106).

Es folgen nunmehr die Handhaltungen und -stellungen der Shiwapriester.

Zeichnungen 116/117. Bekannt als Njangkepin (siehe Textseite von meinem Artikel).

Zeichnungen 118/119. Narpana-Mantra oder Memungu. Bei Njangkepin-Stellungen kommt diese Form ebenfalls vor.

Zeichnungen 120/121. Mesirat, das heißt Aussprengung von Weihwasser mit dem Sesirat.

Zeichnungen 122/123. Tritattwa-Mudra. Der Name kommt am Ende der von Purbatjaraka wiedergegebenen Mantras vor.

Zeichnungen 124/125. Tatkaracodhana oder Handreinigung.

Zeichnungen 126/127. Ngagetn Ghanta, Ngagem Puspa. Die Glocke in der linken und die Blume in der rechten Hand. Der Buddhapriester benutzt die Badjra.

Zeichnungen 128/129. Das Drehen des Rosenkranzes, Muter Ganitri, der dreimal durch die Hände gleitet für: Japa, Yoga und Samadhi oder, wie der Priester sagt, für Dhyaniyoga.

Zeichnungen 130/131. Pranayamamudra (Atembeherrschung).

Zeichnungen 132/133. Nitip Toja: Der Priester schlürft einige Tropfen heiliges Wasser aus der hohlen Hand.

Zeichnungen 134/135. Ngili-Atma, die merkwürdige Mudra, die in den Büchern als Amrtamudra-sadhana bekannt ist.

Hiermit sind wir an die Gruppe von kleinen Zeichnungen gekommen, die sich auf die Handhaltungen der Shiwapriester im besonderen beziehen.

Zeichnung 136-1. Ngagem Sekar. Ohne Blume heißt diese Haltung Musti (siehe 111-1)

Zeichnung 136-2. Ngagem Sekar, Ngagem Ghanta.

Zeichnung 137 Mudra Talabedana.

Zeichnung 137-2. Dasselbe.

Zeichnung 138-1. Amrtamudrasadhana. Ngili-Atma oder Mertakrana genannt.

Zeichnung 138-2. Nuntun Atma; die Umkehrung von Ngili-Atma.

Zeichnung 139-1. Bang (Bam) Netra. Siehe in dem Artikel von Purbatjaraka die Mantra Bam-Netra, die den Augen Verehrung darbringt.

Zeichnung 139-2 Mudra Kepok-Petik, das bekannte In-die-Hände-klatschen, Lepa-Lepaning.

Zeichnung 140-1. Naraca-Mudra, die im Gebetbuch der Priester vorkommt.

Zeichnung 140-2. Mabasma: das Eintauchen der Finger in den Tjendana-Puder, der in der Höhle der linken Hand liegt.

Zeichnung 141-1/2. Tatkaracodhana, die Handreinigung.

Zeichnung 142 Swikrana, kommt im Gebetbuch als Formel, aber nicht als Mudra vor. Die Formel behandelt das Eins-werden mit dem Herrn (Shiwa).

Zeichnung 142-2. Antesana, ebenfalls als Mantra in das Formelbuch aufgenommen, aber nicht als Mudra genannt.

Zeichnung 143-1. Nengaraghanta, das Anschlagen der Gebetsglocke.

Zeichnung 143-2 Aghora; kommt als Formel im Gebetbuch vor in: „Ong ang aghoraya namah", das heißt: Verehrung sei dem, der keinen Schrecken einflößt.

Zeichnung 144. Der Priester sprengt nach dem Morgengottesdienst Weihwasser in die Hände eines Baliers.

Zeichnung 145. Der Sengguhu in der Musti-Mudra mit den Geräten des Pedanda-Shiwa. Hinter ihm der Helfer mit dem Cangkha, der weißen Muschel oder Kul-Putih. Da der Sengguhu den Kalas und Butas besondere Opfergaben darbietet, können wir noch die Frage stellen, ob das Cangkha hier nicht eher als Attribut der Durga als des Visnu betrachtet werden muss. (Siehe KNEBEL: Die Durga-Darstellung in Bildhauerkunst und Literatur der Hindus, Zeitschrift LT. L.V., Teil 46).

Zeichnung 146. Die beiden anderen Helfer des Sengguhu mit der Trommel, an der eine kleine Kugel hängt, die bei drehender Bewegung gegen das Fell schlägt; dahinter die Glocken, die Gentarang.

Zeichnung 147. Eine besondere Darstellung von den Gentarang.

Die Priesterbücher.

Wir hatten bereits Gelegenheit, darauf hinzuweisen, dass die Priester auf Bali für ihre gottesdienstlichen Zeremonien ein Buch mit Gebetsformeln besitzen, in denen auch die Handhaltungen angegeben werden.

Obwohl die Untersuchung dieser Bücher durch PURBATJARAKA zunächst nur die Oberfläche streift, um das Interesse der gelehrten Welt für diesen Gegenstand anzuregen, glaube ich doch, diesem Buche an dieser Stelle noch einige Zeilen widmen zu müssen. Schon vor uns, seit den ersten Tagen der genaueren Kenntnis von Bali, haben sich Manche bemüht, ihre Meinung über die balischen Weden zum Besten zu geben, ohne dass es ihnen gelang, Angaben irgend welcher Art beschaffen zu können.

LIEFRINCK (um mit einem der Jüngsten zu beginnen) lässt sich in seinen neuesten Schriften, den schon vorher mehrfach genannten Landes-verordnungen auf Lombok über die heiligen Priesterschriften, die auch wir im Auge haben, in lobenswerter Weise aus.

Er stellt fest, dass auf Lombok der Name der indischen Weda, der Catur-Weda, noch sehr gut bekannt wäre, und dass man dort diese Bücher auch mit: sang hyang ongkara oder sang hyang weda bezeichnete. Weiter teilte er mit, dass in den fürstlichen Edikten von diesen Weden gesagt wird, dass sie vortrefflich und sehr geheim wären, dass sie die Seele aller Schriften und die höchste Wahrheit umfassen.

Dieser Catur-Weda wird auf Lombok mit: Reg-Weda, Hadjur-Weda, Artawa-Weda und Sama-Weda bezeichnet (fast gleichlautend mit dem indischen Namen) und behandelt nach den dortigen Auffassungen, jeder in seinem Hauptteil, die Götter, die Feste der Verstorbenen, die Opfergaben und in dem Sama-Weda die Feste der Lebenden.

In unserm Text habe ich angedeutet, dass den Priestern auf Bali zur Pflicht gemacht wird, am Kliwon den Catur-Weda zu lesen.

Weiter kommt der Catur-Weda unter der Serie von Gebeten vor, die wir in dem vorhergehenden Kapitel am Ende genannt haben und die unter der Gruppe: Reinigungsgebete, Weda-Cuci, eingeteilt werden in Pawitra, Buktijan Ring Bhatara und dem Catur-Weda.

Nach PURBATJARAKA soll das Wort Rcaka in den Pranayama-Formeln der Shiwapriester an Rc oder Rk, das heißt an den Rgweda erinnern.

Zur Benutzung für die Fürsten und Reichsgroßen auf Lombok werden nach LIEFRINCK aus einzelnen gottesdienstlichen Schriften und auch aus den Weden Auszüge gesammelt, die bekannt sind als Pudja-Pergolan, von denen VAN DER TUUK sagt, dass sie eine Blumenlese von Formeln darstellen, die einen vollständigen Hokus-Pokus enthalten.

In den Beiträgen T. L.V. von Niederländisch-Indien, Nr. 3 des Teiles Nr. 5, schreibt KERN unter den kurzen Anmerkungen über Bai. Kaw. Folgendes:

„Eine Anmerkung möchte ich mir erlauben bezüglich der letzten Mitteilungen über die Weden (die letzte Mitteilung war, wie ich genau erinnere, von van der Tuuk, der auf Bali an seinem Wörterbuch arbeitete), denn mehrere Leser werden vielleicht einige Erwartungen daran knüpfen.

Ohne die geheim gehaltene Sammlung der gelehrten balischen Dame gesehen zu haben, darf ich wohl voraussagen, dass von dem, was die Hindus Rigweda nennen, auf Bali keine Spur zu finden sein wird. (Kern bezieht sich auf die Priesterin, die zu VAN DER TUUK gesagt haben soll, dass er mit Blindheit geschlagen würde, wenn er einen Blick in die Weden werfen würde.) Zunächst ist für den Hindu der Weda nichts, wenn derselbe nicht in der ursprünglichen Sprache, das heißt im Sanskrit, geschrieben, welche Sprache auf Bali unbekannt ist, aber noch viel weniger kann von einer Kenntnis dieser alten Wedasprache die Rede sein.

Die Weden werden auch nicht geheim gehalten; was die Balier unter Weden verstehen, sind nur geheime Sprüche (Mantras). Dass die Balier unter Weden aber wirklich diese Zaubersprüche verstehen, ist keine Mutmaßung, sondern geht hervor aus dem Wiwaha (Seite 28/2 : 14), wo Gudhamantra (Kudamantra), also geheime Zaubersprüche in der balischen Übersetzung, „Weddha" genannt werden.

Außerdem zerstreute die vorhergehende Mudra (mit den Fingern gestellte

Figuren), die auch bei Beschwörungen gebräuchlich ist, jeden Zweifel bezüglich der Art der balischen Weden.

Bei allem Respekt vor dem großen Gelehrten, glaube ich doch, dass der Verfasser sich bei dieser Frage reichlich schnell abgefunden hat mit seinem sehr luftigen und sehr ungenügenden Beweismaterial.

FRIEDRICH bemerkt in den Berichten der Bat. Genootschap Teil 22 unter Wrettasancaya:

„Die Weden scheinen, wie wir schon früher angedeutet haben, in Versen (Clokas) geschrieben zu sein, denn wenn ich einem der Priester Sanskrit-Clokas vorlas, erkannte er diese deutlich und nannte sie auch Weden. Die indischen Weden sind in anderen, älteren Versmaßen geschrieben."

PURBATJARAKA, der erste Sachverständige, der die heiligen Bücher wirklich prüfen konnte, stellt bereits nach einer flüchtigen Untersuchung fest, dass die Sprache der Gebetsformeln ein verstümmeltes Sanskrit ist, und dass er u. a. in einem Abschnitt, in dem Shiwa angerufen wird, deutlich das Versmaß des Cardula-Wikridita-Maat erkannt hat.

Der Vollständigkeit halber gebe ich noch wieder, was BRUMUND in den Anmerkungen der Bat. Genootschap (Allgemeine Versammlung) Teil 1 (1862) mitteilt. Er behauptet, dass er einen Monat hindurch auf Bali eine spezielle Untersuchung angestellt hat. Seine Schlussfolgerung besagt, dass auf Bali weder die indischen Weden, noch die indische Kasteneinteilung vorhanden sind.

Die sogenannten Weden wären Beschwörungsformeln, Mantras oder auch Mantra-Weda genannt.

Die Weden, die als Rig, Jadjur, Atharwa und Sama-Weda bekannt waren, wurden ihm gezeigt (?). Doch umfassten dieselben nicht mehr als 1 ½ Lontarblatt. Er schließt daraus, dass man die Namen, aber nicht das Wesen der vier indischen Weden auf Bali finden kann.

Ich darf nicht behaupten, dass deutlich bewiesen sei, dass die balischen Priester den Catur-Weda kennen oder dass eindeutige Beweise bestehen, dass man denselben früher auf Bali gekannt und rezitiert hat.

Es steht aber fest, dass noch gegenwärtig ganze Stücke von Sanskrit-Clokas, wenn auch verstümmelt, hier auf Bali in den Gebetbüchern vorkommen, Clokas von tiefer Bedeutung und von reiner indischer Herkunft, die von Hokus-Pokus weit entfernt sind. PURBATJARAKA kann jetzt nach meinem Buche mit Sicherheit behaupten, dass der Buddhismus auf Bali rein mahayanistisch war. Er hat mit einem einzigen Blick erkannt, dass in dem Buch des Buddhapriesters, das das Panca-Tathagata und ferner das Ratnatraya genannt wird, Prajnaparamita angerufen wird, wobei Eigenschaften genannt werden, die ganz genau denjenigen entsprechen, die im ältesten Sanskrit vorkommen. Eine Aufzählung der fünf Dhyani-Buddhas fehlt ebenfalls nicht und zwar kommen Wairocana, Aksobhya, Ratnasambhawa, Amitabha und Amoghasiddhi mit ihren Farben und ihren Mudras vor (Dhwajamudra, Bhuhsparcamudra, Waradamudra, Dhyana-mudra und Abhayamudra) und ebenfalls auch mit ihren Reittieren und ihren Jnana. Es würde mich durchaus nicht wundern, wenn heute oder morgen, sobald wir das volle Vertrauen der Priester erlangt haben, aus ihren Händen Reste der echten Weden zu Tage kommen.

Aber auch wenn das nicht der Fall wäre, wird sich doch ergeben, um was für ein großes Stück wir vorangekommen sind durch die folgende Studie von PURBATJARAKA, die derselbe aus Anlass des offenkundig gewordenen, bis heute unbekannt gebliebenen Buches niedergelegt hat. Wir können sicher sein, dass dieser javanische Gelehrte, der wie kein Anderer dazu bestimmt erscheint, die Untersuchungen fortzusetzen, außerordentliche Resultate erzielen kann, wenn es ihm möglich gemacht wird, zu den Inseln zurück zu kehren, um dort an Ort und Stelle das so viel versprechende Werk zu einem guten Ende zu führen.

Es möge mir hiermit erlaubt sein, meine Arbeit mit einem Wunsch zu schließen, und zwar mit dem Wunsch, dass das Interesse für balische Kultur dauernd zunimmt und im besonderen möchte ich die Bitte sowohl an die Autoritäten in Holland wie in den Kolonien richten, so schnell wie irgend möglich einen Sachverständigen zu entsenden, der sich einer Untersuchung des balischen Hinduismus eingehend widmen kann und will.

Ich bin davon überzeugt, dass die Früchte einer solchen Untersuchung nicht nur der Wissenschaft zu gute kommen werden, sondern vor allem Bali selbst, sodass einerseits die balischen Priester wieder zu wahren Führern ihres Volkes durch die Belebung ihrer alten Lehre erzogen werden können, die noch heute verstümmelt in ihren Schriften schläft, während andrerseits das Volk sich mehr und mehr entwickeln kann durch Unterricht und durch Berührung mit anderen Völkern. Sein Bedürfnis nach Erhebung kann es in seiner alten Kultur und im Gottesdienst bei seinen Priestern decken, wenn diese allein im Stande sind, die indische Weisheit zu offenbaren und die Schönheit der noch heute verborgenen Lehre zu verkünden.

Huize „Op Honk"
Schalkhaar (kei Deventer), August 1922.

79

Balische Mantras

Mitteilungen von R. Ng. Purbatjaraka.

Kurz nach meiner Ankunft in Holland hörte ich, dass die Zeichnungen über die Gebetszeremonien der balischen Pedandas, welche die schwedische Malerin TYRA DE KLEEN angefertigt und von denen ich in Batavia bereits das Eine und das Andere vernommen hatte, in Deutschland herausgegeben werden sollten.

Ein erklärender Text war vorgesehen von der Hand des Herrn P. DE KAT ANGELINO, dessen Bekanntschaft ich auf den Kollegbänken in Leiden machte, eine Bekanntschaft, welche sich bald zur Freundschaft entwickelte. Herr DE KAT hatte nicht ausführlicher über seinen Begleittext mit mir gesprochen, sodass ich sehr überrascht war, als er mir im Juni 1922 unerwarteter Weise ein Manuskript übergab, das seiner Meinung nach eine Sammlung von Mantras eines Pedanda-Shiva und eines Buddhapriesters enthielt.

Herr DE KAT bat mich, falls möglich, noch für das Werk von TYRA DE KLEEN eine Übersicht der Formeln zu geben, damit die interessierte Welt mehr und mehr von der Notwendigkeit durchdrungen würde, unsere Augen weiter auf Bali zu richten und dort mit der größten Energie tiefgehende Untersuchungen anzustellen, um von dort Antwort auf so viele noch ungeklärte Fragen zu erhalten. Nach seiner Meinung konnten auch die Zeichnungen der schwedischen Malerin durch einige Erklärungen aus den Gebetbüchern nicht wenig verdeutlicht werden.

Mit großer Begeisterung gingen wir daran, den Inhalt der Manuskripte zunächst flüchtig zu übersehen und wir kamen bald zu der Entdeckung, dass ein Teil der Mantra-Pedanda-Shiva auf der ersten Seite des Manuskriptes für das Werk, das bald erscheinen sollte, von sehr großer Bedeutung sein könnte.

Anfangs hatte ich Herrn DE KAT allerdings zugesagt, eine Bearbeitung der Mantra-Bücher zu geben, später aber habe ich davon abgesehen, weil die mir zugemessene Zeit viel zu kurz war.

Überdies erhielt ich bei näherer Durchsicht den Eindruck, dass dieses Manuskript ein außerordentlich merkwürdiges Werk sei. Die Merkwürdigkeit liegt u.a. darin, dass diese Mantrasammlung nach den Angaben des Herrn DE KAT bei dem europäischen Publikum noch ganz unbekannt sein soll, weil, wie zu erwarten, die Pedandas, welche dieselben besitzen, diese Dokumente als heilig betrachten, und es darum eine große Sünde für sie wäre, dieselben Fremden zur Einsicht zu überlassen. Ebenso waren ja auch die Weden der vorderindischen Panditas bis zum Schluss des 18. Jahrhunderts geheim gehalten worden. Diese Merkwürdigkeit wurde meiner Meinung nach noch dadurch bedeutend erhöht, dass diese Mantras auf Bali noch in unserer Zeit am Leben sind, das heißt, dass dieselben noch heute in der Praxis rezitiert werden. Als ich mit Herrn Professor KROM im Jahre 1921 zweimal eine Dienstreise durch Bali machte, sah oder hörte ich vielmehr diese Mantras noch von einem Pedanda aufsagen, der seine Gebete sprach und dazu dieselben Handhaltungen ausführte, die Fräulein TYRA DE KLEEN nunmehr dargestellt hatte.

Es scheint mir vorsichtiger zu sein, davon abzusehen, schon jetzt eine noch dazu mit Eile abgefasste Bearbeitung des ganzen Manuskriptes zu geben. Wissenschaftlich wäre es zu voreilig, eine solche Arbeit zu unternehmen, die auf einem einzigen Manuskript beruht, umsomehr, wo dieses Manuskript eine Umschrift in lateinischen Buchstaben ist, die von einem B. B. Büroschreiber hergestellt ist, der von dem Ganzen nichts verstand, weil er die Sprache, in der die Mantras zur Hauptsache verfasst sind, offenbar nicht kannte, was Herr DE KAT selbst bestätigt hat. Durch die nicht sachverständige Umschreibung entstehen viele fehlerhafte Worttrennungen und ähnliche Verstümmelungen. Aber nicht allein diese technischen Fehler veranlassen uns, die Bearbeitung noch aufzuschieben, vielmehr scheint schon die Original-Handschrift, die der Umschrift zu Grunde lag, in sich ein hoffnungslos korrumpiertes Werk zu sein, wie es ja bei solchen balischen Manuskripten nicht anders zu erwarten ist. Es scheint mir deshalb ratsam, oder vielmehr unbedingt geboten, dass, wenn man eine gründliche wissenschaftliche Bearbeitung herausgeben will, zu warten, bis mit der Zeit mehrere Manuskripte gesammelt sind, die eine brauchbare Untersuchung möglich machen.

Da ich andrerseits trotz der Verdorbenheit des Textes den Faden des Ganzen noch einigermaßen verfolgen kann, möchte ich doch eine allgemeine Mitteilung über diese Mantras machen. Mein Ziel dabei ist vor allen Dingen, den B. B. Beamten sowie andere Interessierte indirekt zu bitten, den Versuch zu machen, durch vorsichtige, erlaubte Mittel weitere ähnliche Manuskripte zu erhalten. Denn ich bin davon überzeugt, dass es möglich sein wird – wenn man mit Vorsicht auftritt und den Pedandas verspricht, dass man ihnen ein volles Verständnis für ihre Mantras, die sie selbst durchaus nicht mehr verstehen und die für sie vielleicht nichts mehr als Wortklänge sind, die ihrem Glauben an magische Kräfte entsprechen, erwecken wird – derartige Manuskripte für einige Zeit in die Hand zu bekommen. Ich möchte nur daran erinnern, wie Herr VAN STEIN-CALLENFELS vorgegangen ist in Bezug auf die heiligen Pracastis, die bei den Balinesen nicht weniger verehrt werden. Zuerst wollten natürlich die Balinesen ihre Pracastis nicht zeigen, aber nachdem es Herrn VAN STEIN-CALLENFELS schließlich doch gelungen war, eine Pracasti zu bekommen, sandte er dieselbe an das Büro für Altertumskunde zur Erklärung und zur Übersetzung in das Malaische. Die Übersetzung wurde alsdann den Besitzern der Pracastis überreicht, sodass dieselben nunmehr begriffen, was der Gegenstand ihrer Verehrung bedeutete, und jetzt regnete es sozusagen von allen Seiten balische Pracastis, alte, junge und gefälschte, die zur Einsicht und Übersetzung angeboten wurden. Ich glaube, dass es mit den Mantras ebenso gehen wird.

Die Mantra-Shiva beginnt mit einer Vorschrift, wie ein Pedanda beten muss, nebst Angabe der Handhaltungen, sowie der Formeln, die dabei hergesagt werden müssen. In diesen Formeln wird hauptsächlich Shiva mit seinen Eigenschaften angerufen. Die Sprache ist dabei Sanskrit mit altjavanischen Worten dazwischen. Hierauf erhalten die Buchstaben des Sanskrit-Alphabetes ebenfalls einen Platz. Auch die Trimurti, Gangga und andere vorderindische heilige Flüsse, die natürlich als Göttinnen gedacht sind, werden angerufen.

Weiter finden wir eine lange Reihe von Clokas, die vielleicht von vorindischem Ursprung sein können. Es befinden sich auch Clokas darunter, die vielleicht auf Java in einer Zeit gemacht sind, als die javanischen Pedandas, wie ich sie einmal nennen will, kein Sanskrit mehr verstanden. Aber diese Clokas sind nichts anderes als eine Aneinanderreihung von sinnlosen Worten ohne Kasus. Das Merkwürdige dieser letztgenannten Clokas ist, dass ein kleiner Teil derselben auch auf Java noch erhalten geblieben ist und ebenfalls als außerordentlich heilig angesehen wird und zwar als Mittel, Unheil abzuwehren.

Diese Wortreihe wird dann gewöhnlich in der Gestalt eines Rades mit acht Speichen ohne Reifen geschrieben. Jeder Cloka bildet dann eine Speiche und lautet: 1. ya ma ra ja ja ra ma ya; 2. ya ma ra ni ni ra ma ya; 3. ya da yu da da yu da ya usw. (Ich kenne dieselben nicht alle auswendig.) Dieser Radform nach wird dann der Formel der Name: Rajah, magische Figur, gegeben: Kalacakra, die man für gewöhnlich über der Tür anbringt.   In

Büchern kann man diese Cloka ebenfalls in jeder Pawukon finden. Schon der Name Kalacakra ist einer Untersuchung wert, weil er auch bei den Tibetanern nicht unbekannt ist. (Vergl. Geschichte der Indischen Literatur von M. WINTERNITZ II. Band S. 275.)

Das Ende der Mantra enthält Opfervorschriften für Kala und Ähnliches. Es ist merkwürdig, dass in diesen Formeln die Sprache und der Stil, sowie auch viele Ausdrücke übereinstimmen mit den Dongas der Tenggereezen, die von mir transkribiert worden sind in den Abhandlungen des Sprachenkongresses im Jahre 1918 in Solo (Seite 76).

Diese Sprache kann man etwa als ein jüngeres Stadium des Mitteljavanischen bezeichnen, aber es ist noch kein Neujavanisch. In dem Sanskritteil dieser Mantra kann ich selbst noch deutlich ein kleines Stück, eine Anrufung an Shiva, im Cardula-Wikridita-Maß erkennen.

Die Buddha-Mantra ist nun zur Hauptsache gleicher Konstruktion wie die Shiva-Mantra. Auch hier finden wir zunächst einen ziemlich langen Sanskritabschnitt. Dann folgt Altjavanisch, und zum Schluss die oben erwähnte mitteljavanische Sprache. Im Sanskritteil werden die Ratna-Traya und die fünf Dhyani-Buddha etc. angerufen. Ich möchte aber in diesen allgemeinen Mitteilungen nicht weiter fortfahren, denn man muss tiefer in den Stoff eindringen und vor allen Dingen ist die Buddha-Mantra zu bedeutend und zu überraschend, als dass man derselben nicht ein besonderes Studium (Untersuchung} auf Grund einer umfassenden Vorbereitung widmen sollte.

Mit Bezug auf die Zeichnungen möchte ich aber noch bemerken, dass Kama, der Gott der Liebe, in der Mantra-Buddha ganz ausführlich erwähnt wird. Das stimmt mit der Tatsache überein, dass ein Pedanda-Buddha von der Malerin wiedergegeben wird (Nr. 90), der den Kama vorstellt und den Blumenpfeil anlegt. Angesichts der Bedeutung dieser Mantras wollen wir uns auf die Behandlung eines Abschnittes beschränken, der in direkter Verbindung mit den in diesem Buche vorkommenden Zeichnungen steht. Ich lasse diesen Abschnitt hier folgen, unverbessert, so, wie er in dem Manuskript steht:

Awi Gene Mastu. Kramaning akarja toja pabresihan, angarepasotjan, angagem sekar saha gandaksata, mantra: „Ong oeng rah pat astra janamah, ong atma tatwatma soedamem soeaha, ong-ong sama sampoerna janamah soeaha, ong sri pasoeh pataje oeng pat". Laktikang boenga.

Patanganan, mantra astra mantra: „Ong oeng rah pat astra janamah, ong atma tatwatme soedamem soeaha, ong-ong sama sampoerna janamah soeaha, ong sri pasoeh pataje oeng pat, ong naratja moedra janamah, ong bang netra janamah, ong bang netra janamah, ong astra mrete moedra janamah, ong ang wredaja janamah".

Takara sodana, sekar saha gandaksata arasa kene ring tangan kalih, mantra: „ong ing namah". Ang goesta: „Ong tang namah". Tardjini. „Ong ang namah". Madia mika: „Ong bang namah". Anamika. „Ong sang namah". Kanista.

Goemanti ring kiwa: „Ong ang wredaja janamah". Anggoesta: „Ong reng kaja sira senamah". Madiamika. „Ong boer boeah soeare djoeali nisika jenamah". Anamika. „Ong hroeng koeatja janamah". Kanista. Oesap lepa lepaning tangan kalih, mantra: „Ong bang netra janamah, ong bang netra. Ong oeng pat astra janamah, ong oeng pat astra janamah". Sembah akena sekar, mantra: „Ong hrang-hrang sah parama siwa ditiajanamah". Salahakene sekar maring kroda desa, mantra: „Ong tjong tjandisa jenamah". Takepaken tangan maring kisiapoean, ikang kerija ngloemah, kanan koemereb, mantra: „Ong sadia jenamah". Mingloehoeraken waweng siwa doeara, mreta moedra sadana, mantra: „Ong hrang-hrang sawosat parama siwa mrete janamah", toeroenang, mantra: „Ong hroeng kawatja janamah". ngoesap. Takepang, mantra: „Ong sanidia janamah". Poestihang, mantra: „Ong anirodra janamah".

Ngagem sekar, mantra: „Ong sri Jamba wantoe". Ong poernamba wantoe". Ong soekamba wantoe". laktikang sekar.

Prana jame, isep bajoenta sakeng hiroeng tengen, mantra: „Ong ang, bang warna". widjilakning hiroeng kiwa. „ong oeng ireng warna". Pegeng sakewase, mantra: „ong mang". Koembake, widjilakning hiroeng kalih, mantra: „Oeng mang Retjake, putih warna". Patangan, mantra astra mantra. Siwi karane mantra: „Ong ing isana janamah". Sirah: „Ong tang tatpoeroesa janamah". rahi, „Ong ang agora janamah", hati, „Ong bang bamadewa janamah", paste, „ong sang sadia janamah", pada kalih, toemoet kang siwangga", mantra: „Ong ang hredaja janamah", hati, „ong reng kaja sira senamah". ramboet. „ong boer boeah soeare djoeali nisika janamah". toengtoeng ramboet, „ong hroeng kawatja janamah". poenoek. „ong bang netra janamah". netra kalih. „ong hoeng rahpat astra janamah". bahoe kalih. Tri tatoea mantra: „ong ong siwa tatoea janamah". sirah. „ong ong widia tatoea janamah". rahi. ong ong atmetatoea janamah". hredaja.

Nunmehr möchte ich versuchen, für den vorstehenden Text eine Rekonstruktion zu geben, denn mehr als ein Versuch ist vorläufig noch nicht möglich.

Awighnam astu. Kramaning akarya toya pabresihan, an arep acoca: angagem sekar saha gandhaksata, mantra: „aum um rah pat hastaya namah, aum atmatattwatma cudha mam swaha; aum aum samasampurnaya namah swaha; aum cripacupataye um pat", lak tikang bunga.

Patanganan, mantra, hasta-mantra: „aum um rah pat hastaya namah; aum atmatattwatma cudha mam swaha; aum aum samasampurnaya namah swaha; aum cripacupataye um pat, aum naraca (?) mudraya namah, aum bam netraya namah, aum am hrdayaya namah".

Tatkaracodhana: sekar saha gandhaksata arasakena ring tangan kalih, mantra: „aum im namah", anggusta, „aum tarn namah", tarjini, „aum am namah", madhyamika, „aum bam namah", anamika, „aum sam namah", kanista. Gumanti ring kiwa: aum am hrdayaya namah", anggusta „aum rm kayacirase namah", madhyamika, „aum bhurbhuwahsware jwalinicikaya namah", anamika, „aum hrum kawacaya (?) namah", kanista.

Usap lepa-lepaning tangan kalih, mantra: „aum bam netraya namah, aum bam netra, aum um pat hastaya namah". aum um pat hastaya namah.

Sembahakena ng sekar, mantra: „aum hram hram satparamaciwadityaya namah".

Salahakena ng sekar mareng krodhadeca, mantra: „aum com Candicaya namah".

Takepaken tangan maring kisapwan, ikang keri ya malumah, kanan kumureb, mantra: „aum sadhyaya namah".

Mingluhuraken waweng ciwadwara, amrtamudrasadhana, mantra: „aum hram hram sarwasatparamaciwamrtaya namah".

Turunang, aum hrum kawacaya namah".

Ngusap, takepang, mantra „aum sannidhaye namah".

Pustiang, mantra: „aum anirodhaya namah".

Ngagem sekar, mantra: „aum criyam bhawantu, aum purnam bhawantu, aum sukham bhawantu", lak tikang sekar.

Pranayama, isep bayunta sakeng irung tengen, mantra: „aum am bang-warna", wijilaken ing irung kiwa: „aum um ireng-warna", pegeng sakawaca, mantra: „aum mam rcake, putih-warna".

Patanganan mantra: hasta-mantra.

Swikarana, mantra: „aum im icanaya namah", cirah, „aum tarn tatpurusaya namah" rahi, „aum am aghoraya naniah", hati, „aum bam bamadewaya namah", pasta, „aum sam sadhyaya namah", pada kalih.

Tumut kang ciwangga, mantra: „aum am hrdayaya namah", hati, „aum rem kayacirase namah", rambut, „aum bhur-bhuwah-sware-jwalinicikaya namah", tungtung rambut, „aum hrum kawacaya namah", punuk, „aum bam netraya namah", netra kalih, „aum hum rah pat hastaya namah", bahu kalih.

Tritattwa, mantra: „aum aum ciwatattwaya namah", cirah, „aum aum widyatat-twaya namah", rahi, „aum aum atmatattwaya namah", hrdaya.

Übersetzt würde das Vorstehende etwa, wie folgt, lauten:

Es soll keine Störung sein.

Dies ist die Art, wie man Reinigungswasser gebraucht, bevor man sich reinigt: Man nehme Blumen und ein Riechpulver mit der Formel:

„Aum um rah pat, Verehrung sei den Händen".

„Aum o Seele der wahren Seele, reinige mich, Amen".

„Aum Aum Verehrung sei dem Höchstvollendeten, Amen".

„Aum (Verehrung sei) dem Pacupati (das ist Shiva) Um Pat".

Halte eine Blume mit dem Kelch nach oben in der Hand.

Formel für die Hand: Handformel.

„Aum um rah pat, Verehrung sei den Händen".

„Aum o Seele der wahren Seele, reinige mich, Amen".

„Aum Aum, Verehrung sei dem Höchstvollendeten, Amen".

„Aum (Verehrung sei) dem Pacupati (das ist Shiva) Um Pat"

„Aum Verehrung sei (Naretja mudra) den Handhaltungen".

„Aum Bam Verehrung sei den Augen".

„Aum Am Verehrung sei dem Herzen".

Das ist die Reinigung der Hände: Man bestreiche beide Hände mit einer Blume und mit einem Riechpulver und spreche die Formel:

„Aum Im Verehrung dem Daumen".

„Aum Tam Verehrung dem Zeigefinger".

„Aum Am Verehrung dem Mittelfinger".

„Aum Bam Verehrung dem Ringfinger".

„Aum Sam Verehrung dem kleinen Finger".

Hierauf folgt die linke Hand.

„Aum Am Verehrung sei dem Herzen, Daumen".

„Aum Rm Verehrung sei dem Haupt und dem Leibe, Mittelfinger".

„Aum Verehrung sei dem Himmel, dem Luftraum und der Erde und dem leuchtenden Feuer, Ringfinger".

„Aum Hum Verehrung sei dem Harnas (Harnas heißt auf Deutsch „Harnisch" oder „Panzer"), kleiner Finger".

Reibe die Handflächen aneinander. Formel:

„Aum Bam Verehrung sei den Augen, Aum Bam Augen".

„Aum Um Pat Verehrung sei den Händen".

„Aum Um Pat Verehrung sei den Händen".

Bringe die Hände mit der Blume an die Nase (oder mache Anjali mit der Blume). Formel:

„Aum Hram Hram Verehrung sei der guten, vortrefflichen Shivasonne".

Lege die Blume im Nordwesten oder im Südwesten nieder. Formel:

„Aum Com Verehrung sei Candica, das ist Shiva".

Lege die Hände übereinander in den Schoß, die linke Hand nach oben gekehrt, die rechte Hand nach unten. Formel:

„Aum Verehrung sei der Gottheit". Bringe die Hände hinauf zur Fontanelle, das heißt zum Amreta mudrasadhana. Formel:

„Aum Hram Hram Verehrung sei jedem guten, vortrefflichen Shiva-Nectar".

Bringe die Hand wieder hinab:

„Aum Hrum Verehrung sei dem Panzer".

Reibe die Hände aneinander und halte sie einander gegenüber. Formel:

„Aum Verehrung sei der Umgebung".

Balle beide Hände zur Faust. Formel:

„Aum Verehrung sei dem Nicht-Hinderlichen".

Nimm eine Blume in die Hand. Formel:

„Aum sei stets glücklich".

„Aum sei stets machtvoll".

„Aum sei stets vergnügt von Herzen".

Halte die Blume nach rechts hinauf.

Atembeherrschung; atme Luft ein durch das rechte Nasenloch, Formel:

„Aum Am rot von Farbe".

Atme Luft aus durch das linke Nasenloch:

„Aum Um schwarz von Farbe".

Halte den Atem ein, solange du kannst, Formel:

„Aum Am Rcake weiß von Farbe". (Das Wort Rcake erinnert an Rc oder Rk, das ist der Rikweda).

Mit Bezug auf die Hände, Formel: Handformel (siehe oben).

Das zu sich nehmen (das heißt: sich Eins machen mit dem Herrn). Formel:

„Aum Im Verehrung sei Icana", Haupt (Shiva).

„Aum Tarn Verehrung sei Tatpurusa", Gesicht.

„Aum Am Verehrung sei dem Nicht-Furcht-Erweckenden" (d.h. dem Barmherzigen), dem Herzen.

„Aum Bam Verehrung sei dem Gotte des Glückes", Penis.

„Aum Sam Verehrung sei der Gottheit", beider Füße.

Weiter die Civangga (d. h. der Körper, der aus Shiva besteht). Formel:

„Aum Am Verehrung sei dem Herzen", Herz.

„Aum Rm Verehrung sei dem Haupt und dem Körper", Haar.

„Aum Verehrung sei dem Himmel, dem Luftraum und der Erde und dem leuchtenden Feuer", der Spitze der Haare.

„Aum Hum Verehrung sei dem Panzer", Nacken.

„Aum Bam Verehrung sei den Augen", beiden Augen.

„Aum Hum Rah Pat Verehrung sei den Händen", beiden Armen.

Die drei wahren Wesen (im menschlichen Leibe), Formel:

„Aum Aum Verehrung sei dem Wesen von Shiva", Haupt.

„Aum Aum Verehrung sei dem Wesen des Bewusstseins", Gesicht. „Aum Aum Verehrung sei dem Wesen der Seele", Herz.

In der Übersetzung sind einige in der Einzahl stehende Worte durch die Mehrzahl wiedergegeben worden.

Zu meinem Bedauern kann ich gegenwärtig nicht mehr, als das Vorstehende geben, weil wir nur über ein einziges Manuskript, und zwar noch ein sehr korrumpiertes, verfügen, das mir bis vor kurzer Zeit noch vollständig unbekannt war, sodass mir eine zu geringe Zeit zugemessen wurde, um eine wertvollere Studie zu liefern.

Mir scheint aber das Wenige zu genügen, um zu beweisen, dass in den balischen Priesterbüchern noch ein Schatz von Tatsachen verborgen liegt, die einmal von fachkundiger Hand gesammelt, ein neues und besseres Licht auf die Probleme, die uns in Bezug auf Java und Bali noch dauernd beschäftigen, werfen werden.

Bildtafeln

91

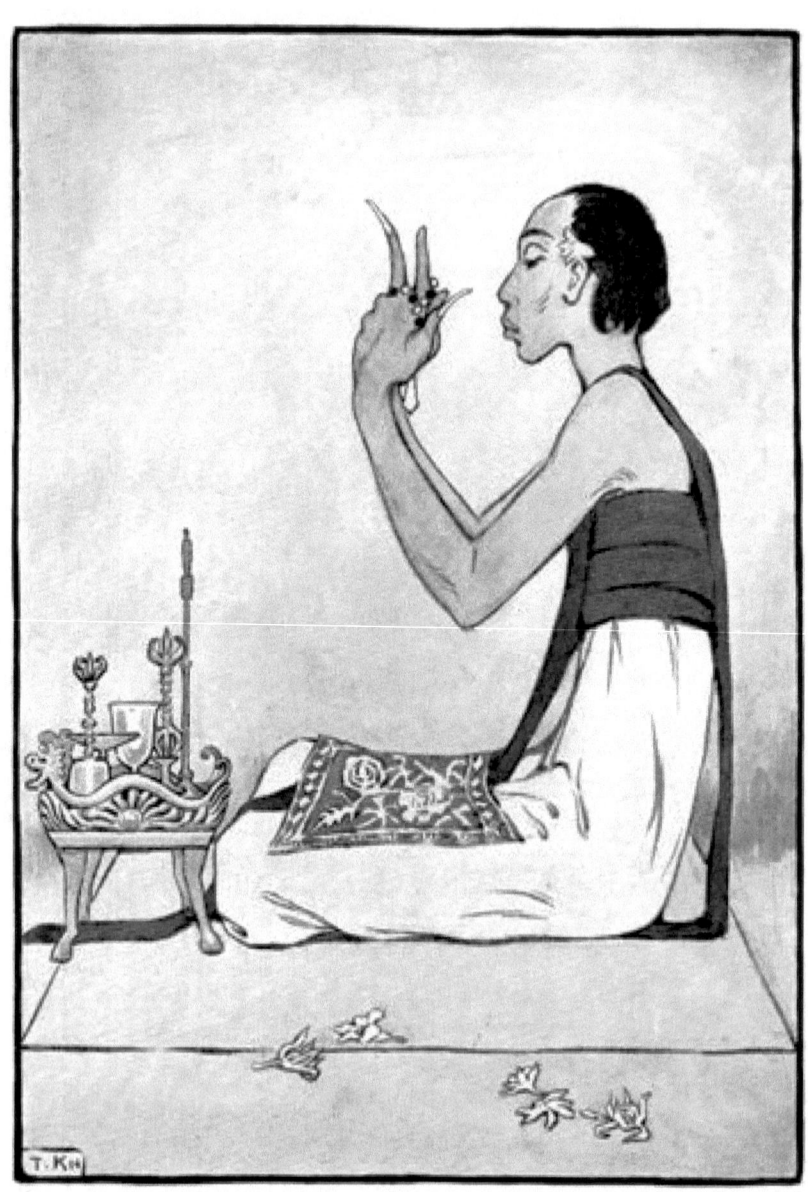

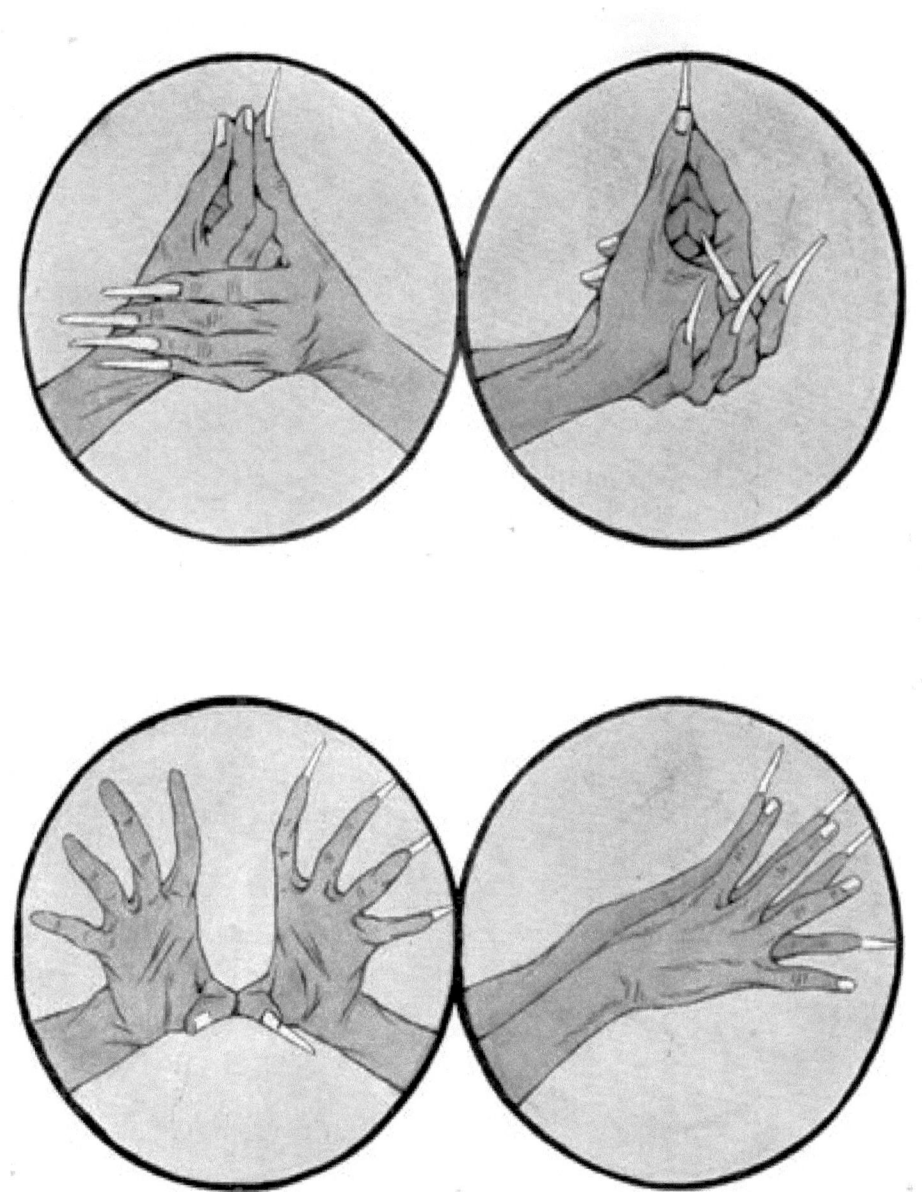

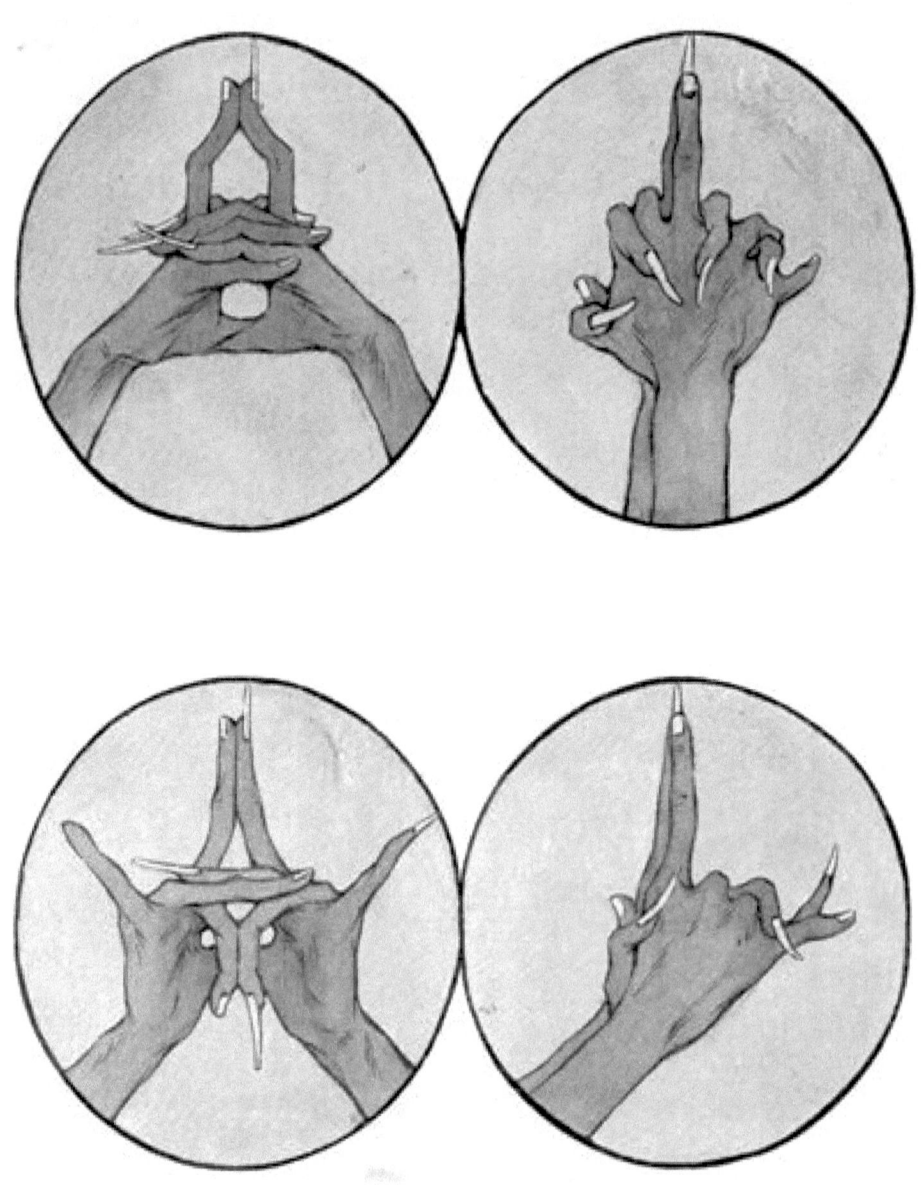

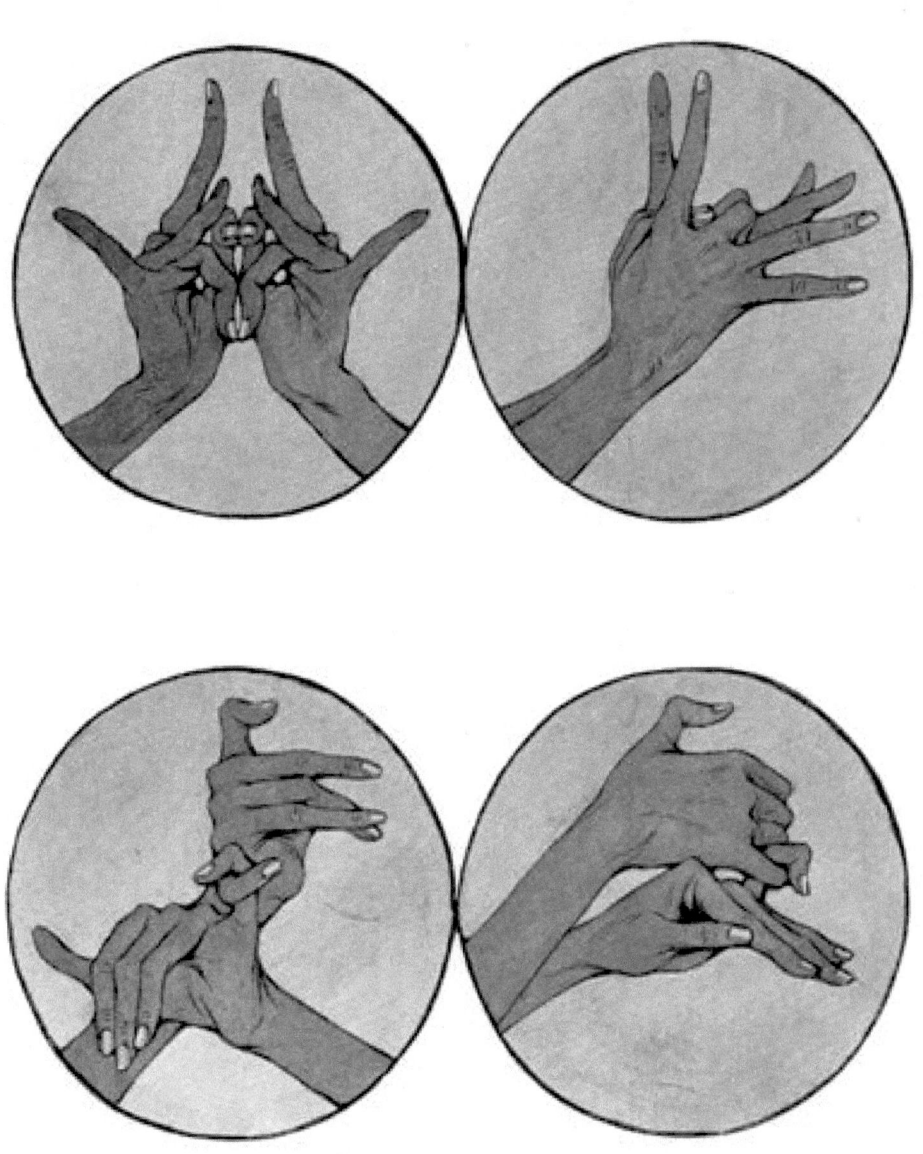

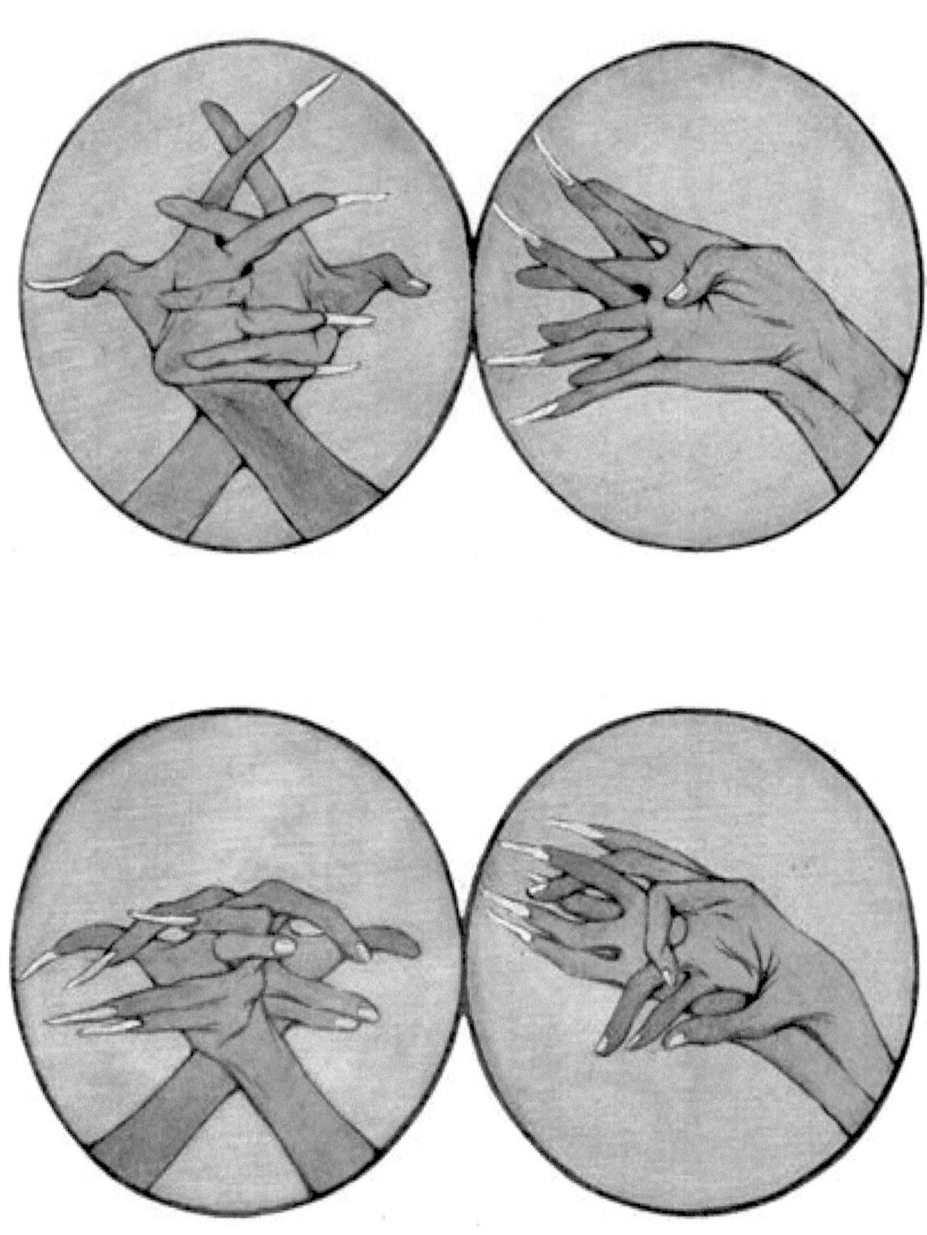

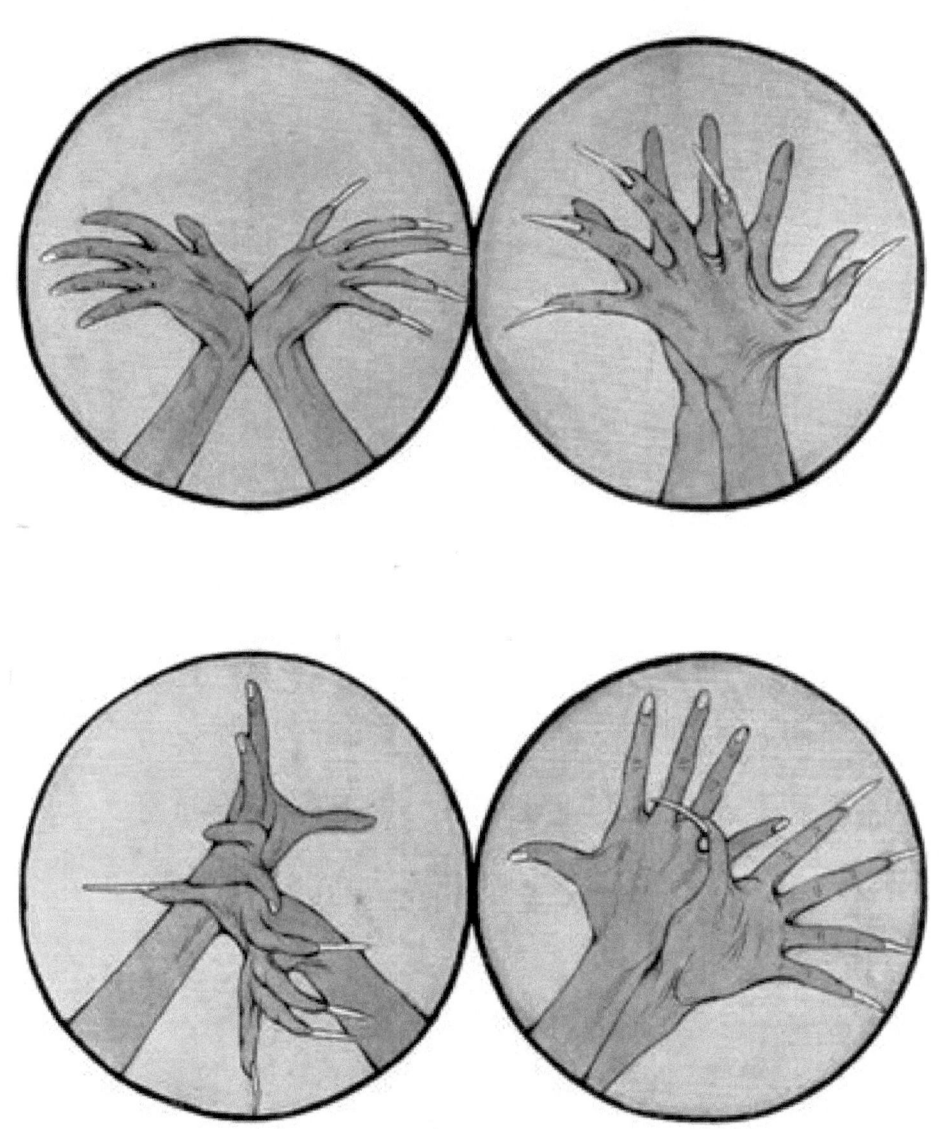

123

134

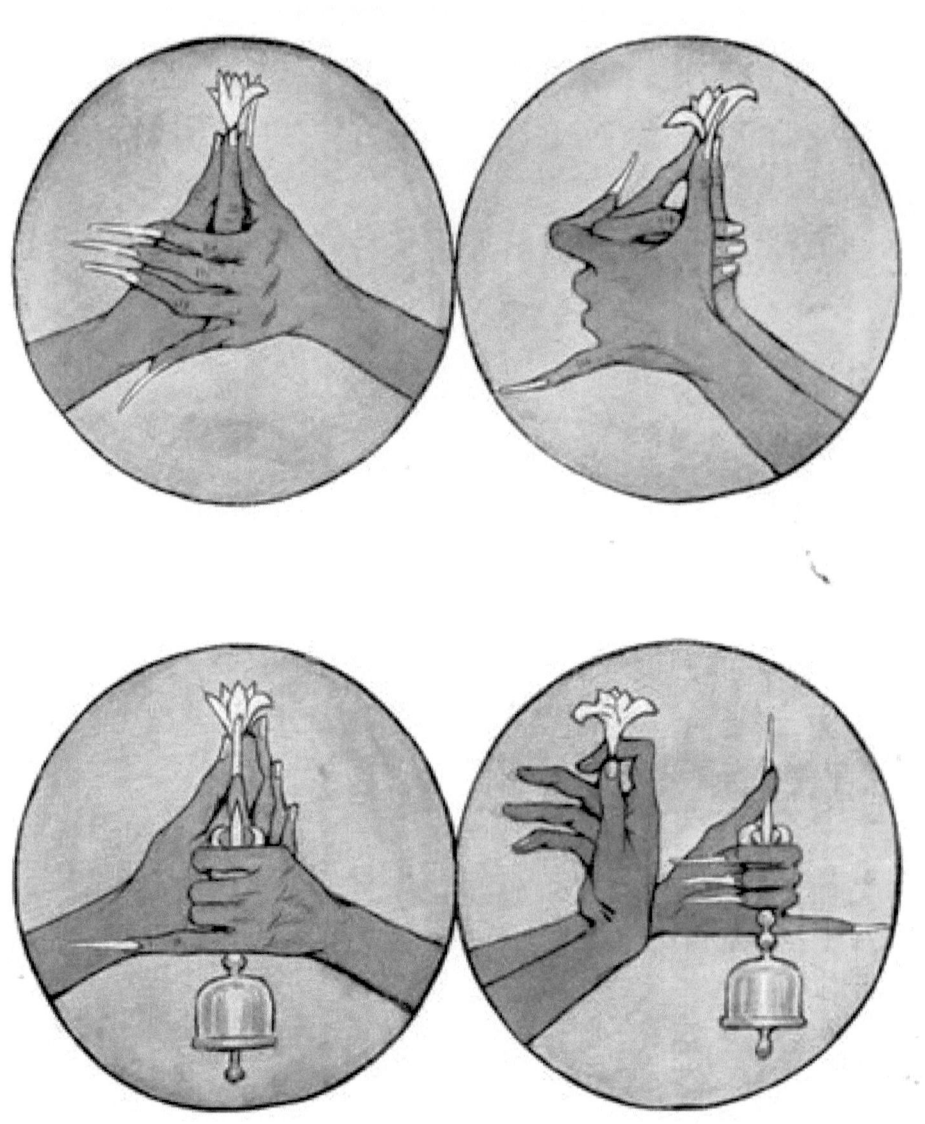

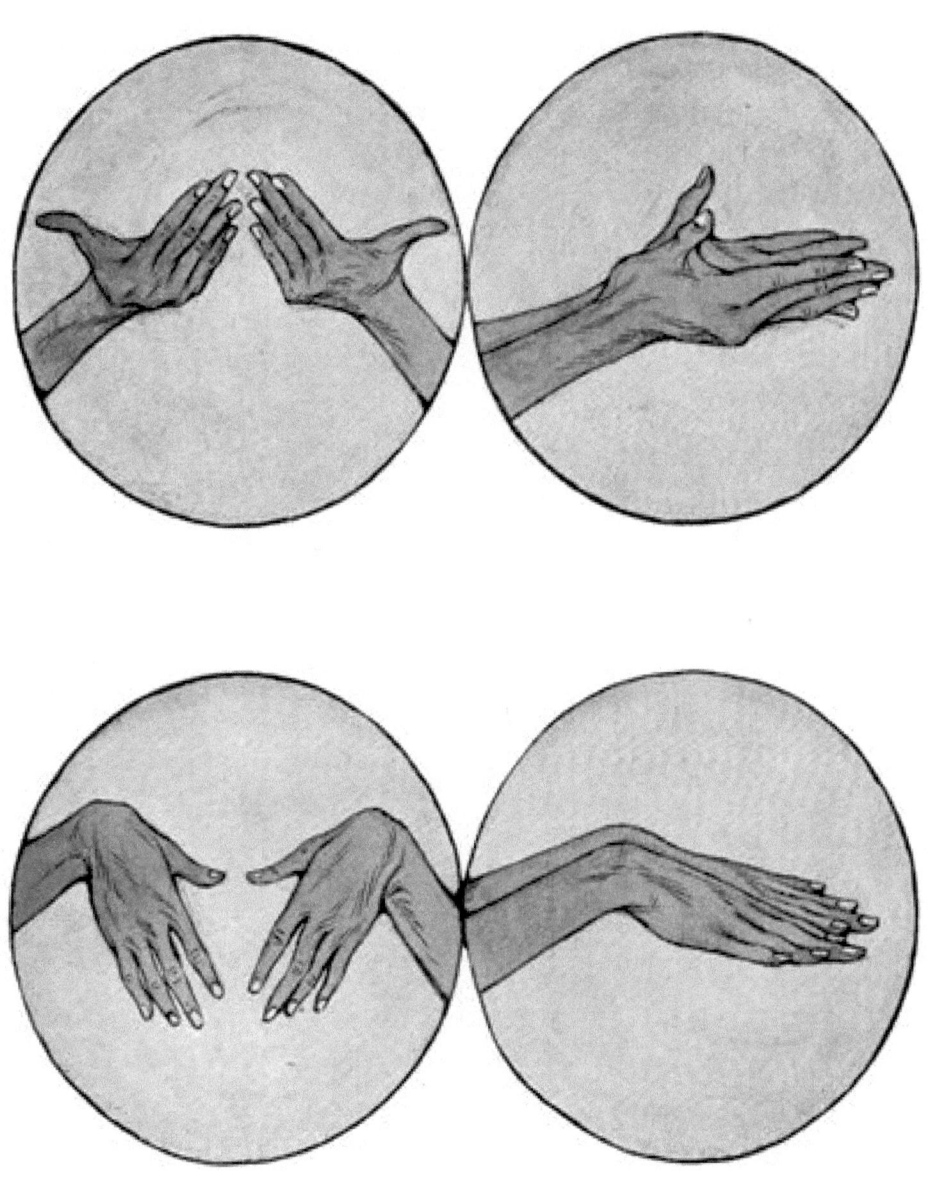

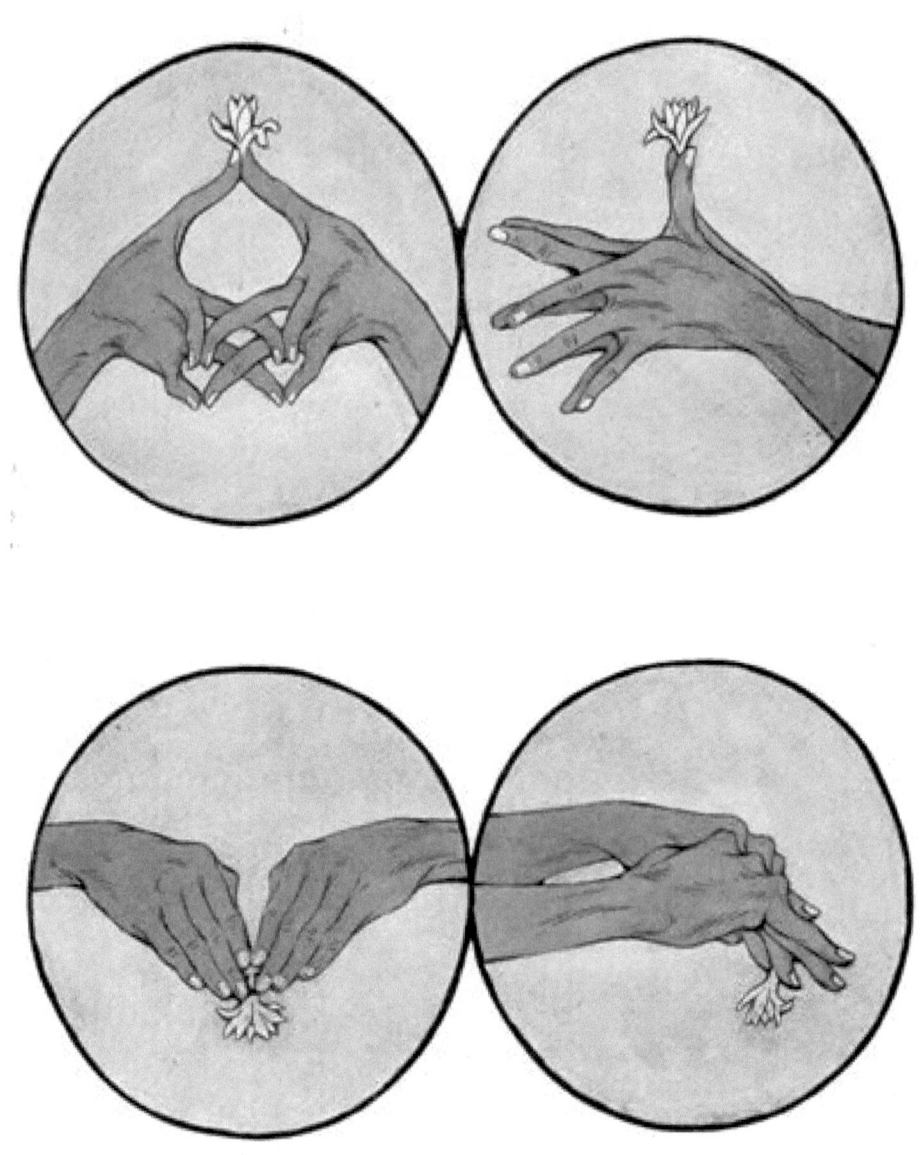

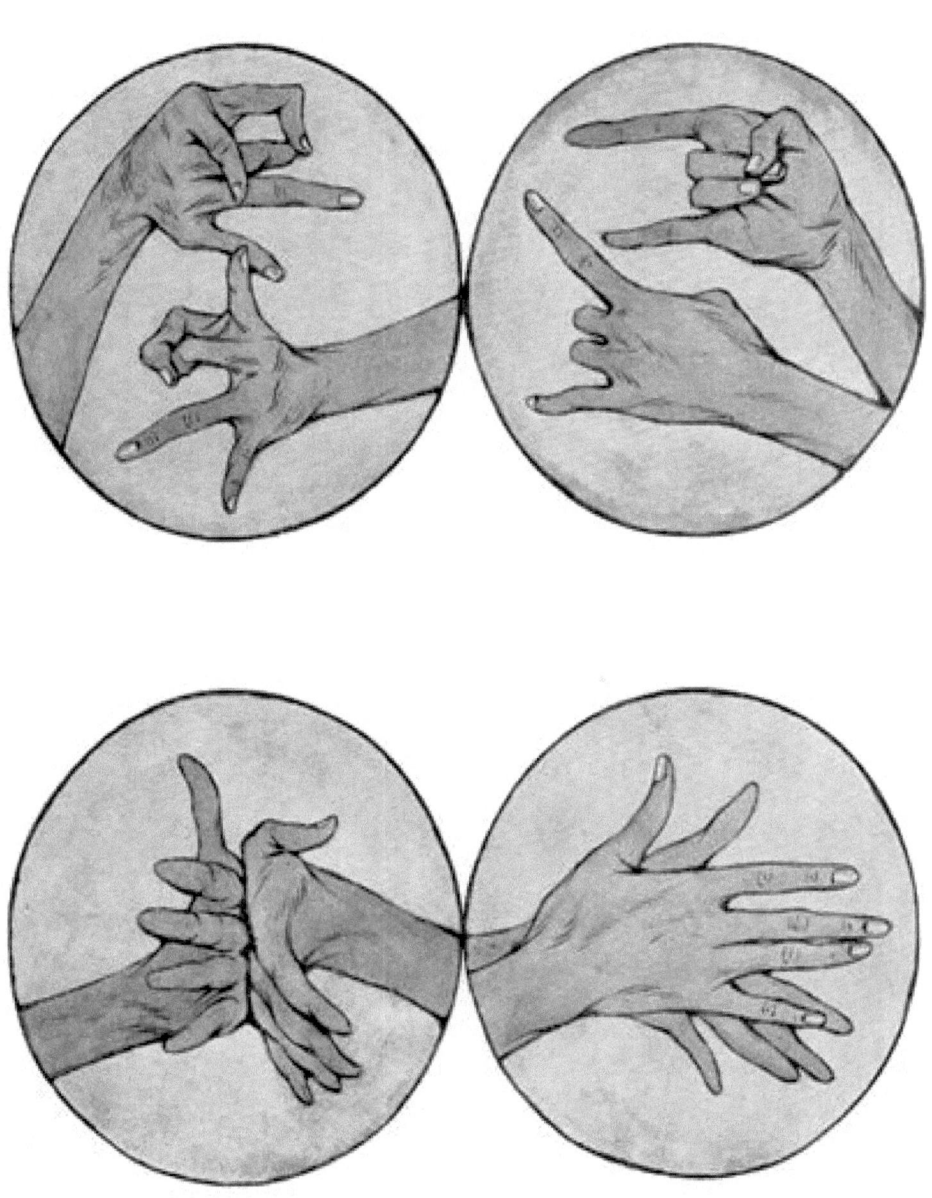

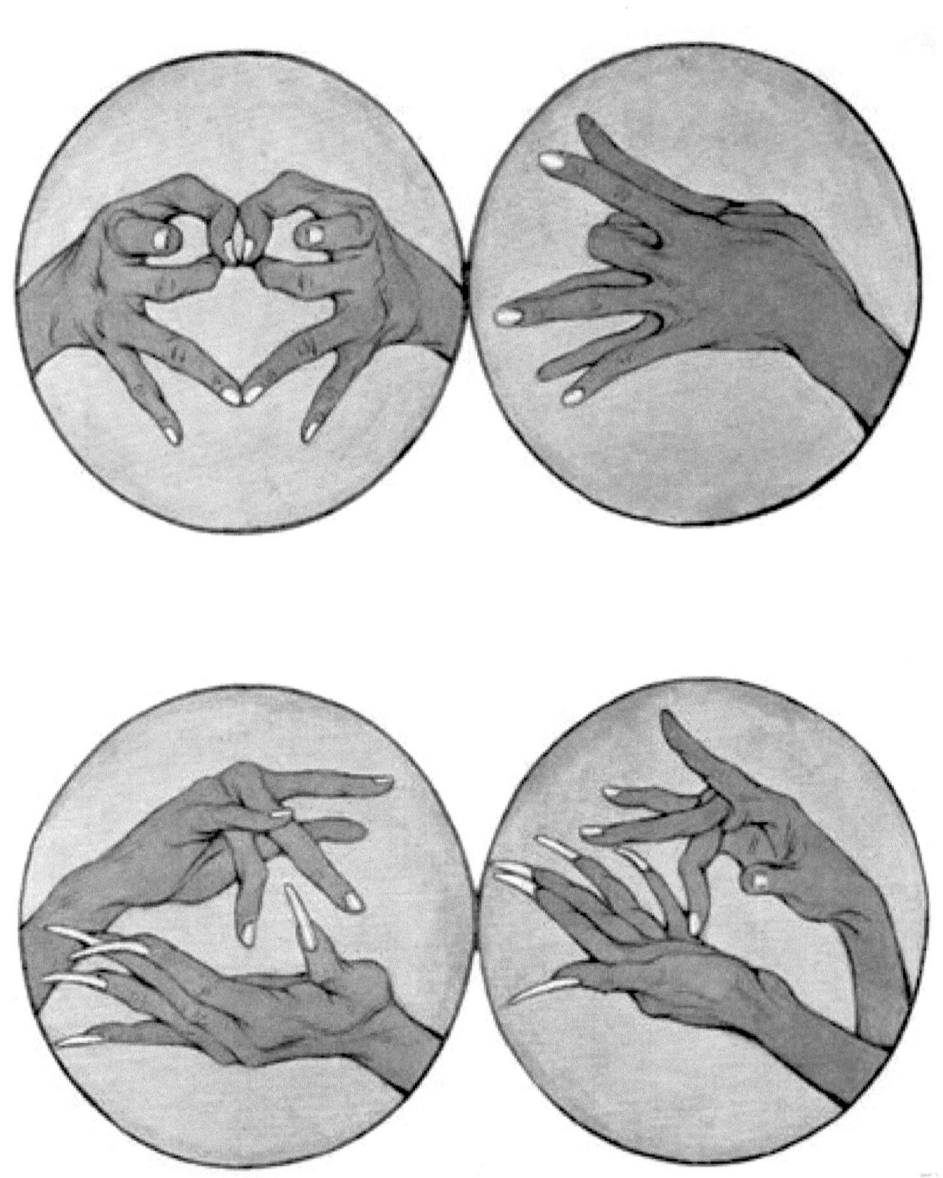

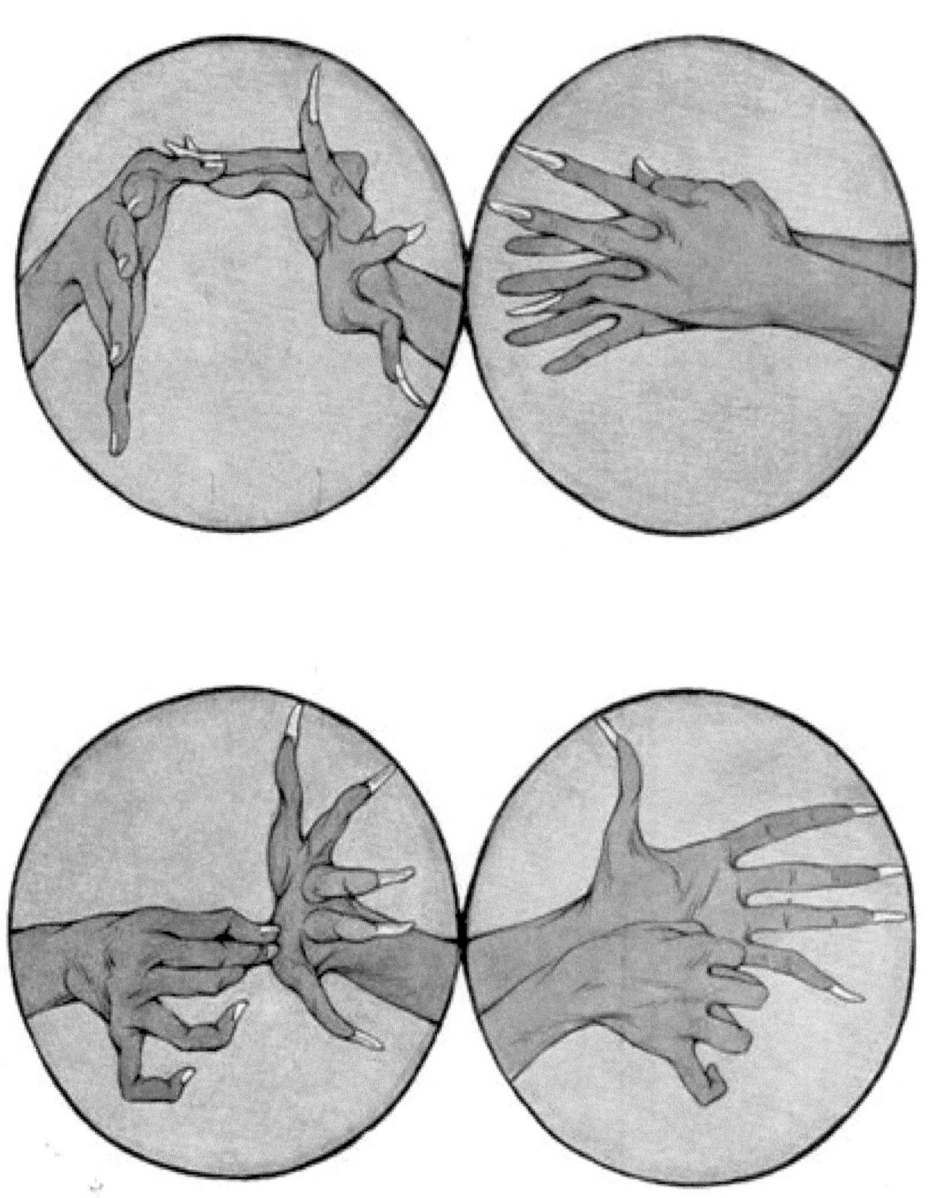

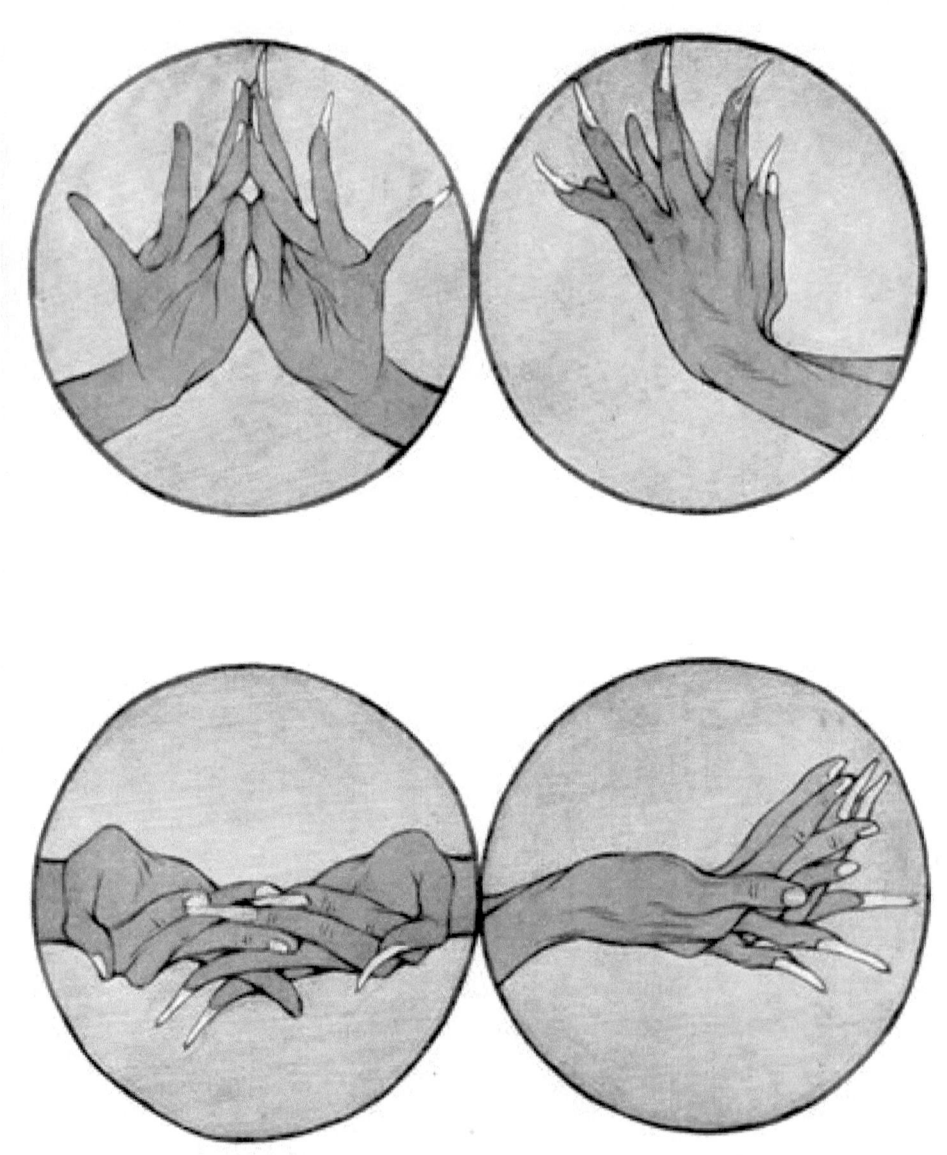

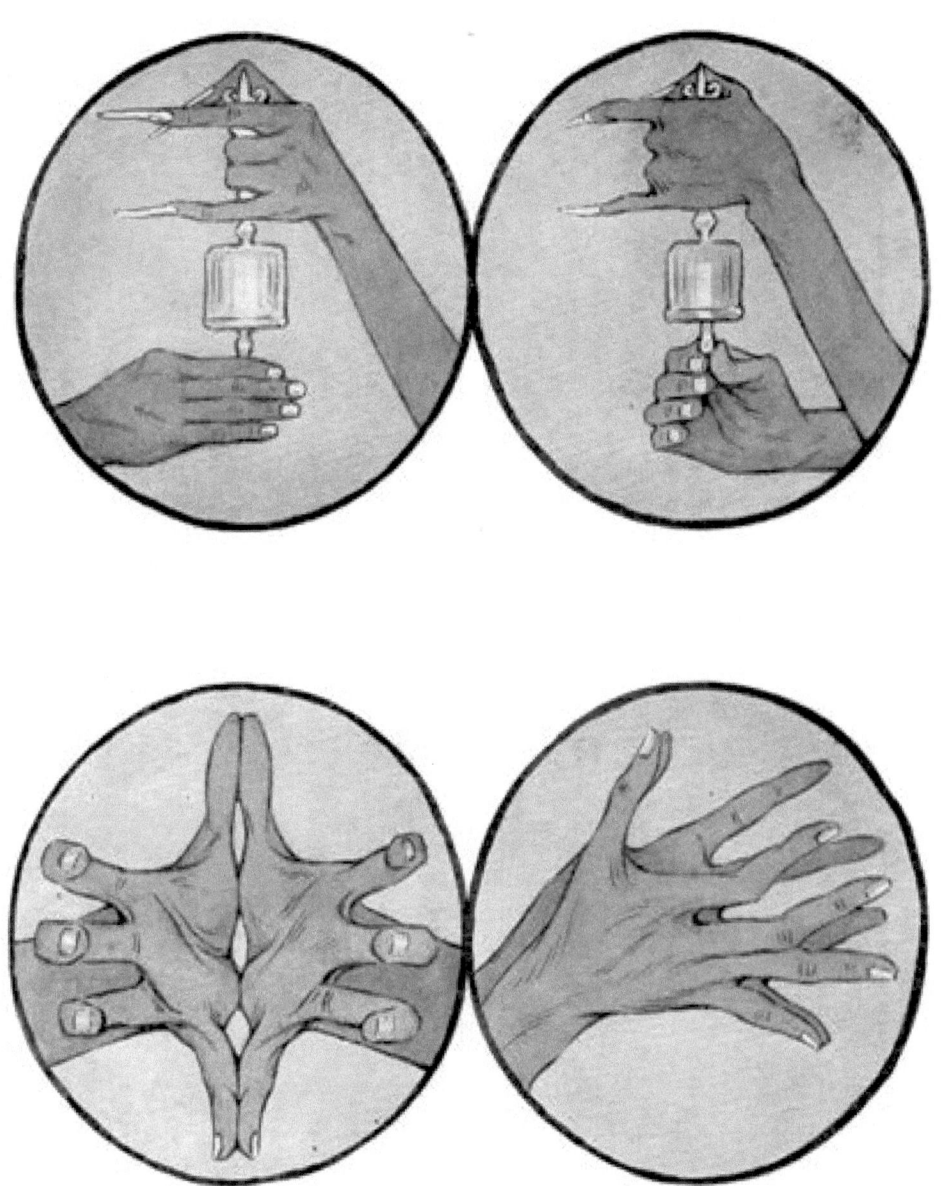

143

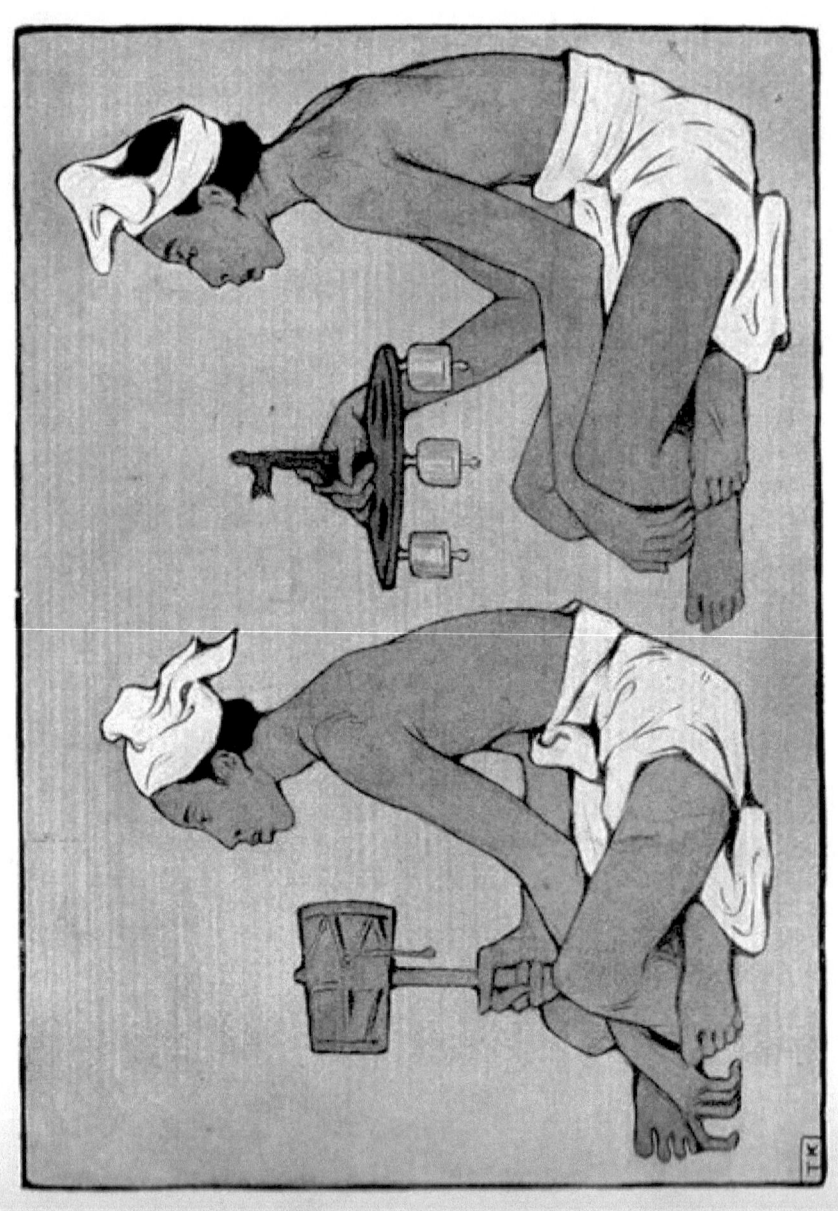

Das goldene Blatt der Weisheit
Seila Orienta/Franz Bardon

Zum ersten Mal in der okkulten Literatur wird die 4. Tarotkarte des Hermes Trismegistos verständlich beschrieben und offengelegt. Sie beinhaltet unbekannte Konzentrations- und Meditationsübungen. Des Weiteren gibt sie Hinweise und erklärt die Unterschiede zwischen Magie und Mystik und Gefahren des einseitigen Weges. Am Ende steht die Verbindung mit der universellen Gottheit, dem Herrn der Sonnensphäre, welcher quabbalistisch „Metatron" genannt wird.

*

5. Tarotkarte – Mysterien des Steins der Weisen
Seila Orienta/Franz Bardon

Dieses Buch stellt die Vorderseite der Alchemie dar, die die einzelnen praktischen Übungsschritte erklärt, ohne die verschlüsselten Mystifikationen der alten Alchemisten auch nur annähernd zu erwähnen, wie man es aus den anderen Büchern des Franz Bardon kennt. Es wird erklärt, dass ohne vollkommene Beherrschung der 4 Elemente keine Alchemie möglich ist. Des Weiteren wird mit den einzelnen Ebenen, mit den Matrizen, dem elektromagnetischen Fluid usw. gearbeitet. Doch der Hauptpunkt stellen die göttlichen Eigenschaften wie z. B. die Allmacht dar, mit denen der Göttliche Stein der Weisen durch gewisse Übungen geladen wird.

*

Talismanologie und Mantramkunde
Seila Orienta/Franz Bardon

Zum ersten Mal werden hier (magisch) geladene Mantrams – Gebetssätze – preisgegeben, welche bei nötiger Reife, Ausgeglichenheit und Reinheit durchdringende Erfolge versprechen. Mantrams sind ja nach Bardon nicht irgendwelche „Suggestionssätze", sondern sie sind Ideenausdrücke, mit denen man mit Mächten, Kräften, Eigenschaften, also Gottheiten, in Verbindung kommen kann. Gleichzeitig werden die dazugehörigen Siegelzeichen der göttlichen Ideen preisgegeben, welche im rituellen

Zusammenhang mit den Mantrams stehen. Ein Buch, dass nicht nur die Hermetiker, sondern auch die Anhänger der Yogawissenschaften inspirieren wird!

*

Eine Sammlung der schönsten und lehrreichsten Beschwörungsgeschichten
Hohenstätten

Dieses Buch ist einzigartig, denn es zeigt den zweiten Band von Franz Bardon an Hand von interessanten Evokationsberichten, die genau das bestätigen, was Bardon in seinem Buch geschrieben hat, und noch darüber hinaus. Es werden sensationelle Erlebnisse geschildert, die man sonst niemals findet. Auch aus unveröffentlichten Schriften wird zitiert.

*

Verkörperungen des Meister Arion
Hohenstätten

Man wird beim Lesen dieses Buches nicht glauben, wie viele bekannte und unbekannte Inkarnationen Franz Bardon hatte. Die paar, die im „Frabato" bekannt gegeben wurden, stellen nur einen geringen Teil seiner Verkörperungen dar. Wir mussten, da es dermaßen wenig Literatur über die Verkörperungen gab, wieder hunderte und aberhunderte von Büchern, Aufsätzen, Zeitschriften und Artikeln durcharbeiten, bis wir genügend Material für dieses Buch hatten. Aber der Leser wird sich beim Lesen sicherlich über unsere Arbeit freuen, denn sie wird ihn in Erstaunen versetzen!

*

Shamballa, der goldene Tempel des Lichts
Hohenstätten

Dieser Tempel dürfte jeden Leser von Bardons Roman „Frabato" fasziniert haben. Dass es aber in der okkulten Literatur noch viel mehr Informationen darüber gibt, die man aber nur findet, wenn man alles Veröffentlichte gelesen hat, dürfte dem einen oder anderen unbekannt sein. Es wurden wieder ganze Stöße von Büchern durchgesehen und das Ergebnis wird hier veröffentlicht. Es wird aber gleichzeitig darauf hingewiesen, wie viel Schundliteratur es darüber gibt, wie viel Lügen im Umlauf sind, damit sich der Schüler der Hermetik ein klares Bild machen kann. Wir bringen in diesem Buch alles, was wir an Material darüber gefunden haben und es wird auch noch einiges aus der eigenen Erfahrung, was das Wertvollste ist, mitgeteilt. Nicht nur über den Tempel wird berichtet, sondern auch über die damit verbundene „Bruderschaft des Lichts", dessen Sitz er darstellt.

*

Auf der Suche nach Meister Arion
Hohenstätten

Diese Autobiographie eines Schüler der Hermetik des Franz Bardon schildert sein magische Leben, in welcher zahlreiche Erfahrungen zu den Übungen aus dem Adepten geschildert werden, die die Hauptperson selbst erlebt hat. Es wird der schwere Weg des Adepten aus autobiographischer Sicht gezeigt, seine vielen Tiefschläge, aber auch seine glanzvollen Seiten und Zeiten. Der harte Kampf mit dem Seelenspiegel wird bis in alle Einzelheiten aufgezeigt, genauso wie die vielen anderen Wege, in welche der Autor reinschnupperte, um dadurch reichlich Erfahrung sammeln zu können. Darüber hinaus enthält es unzählige Erfahrungen und Berichte betreffs Mantramistik nach Bardon, die wahre Runenmagie, zahlreiche Evokationen sowie Invokationen mit seinem Lehrer Anion, einen magischen Exorzismus, wie er bisher noch nie öffentlich geschildert wurde. Mentalreisen, Beeinflussungen, Übungen zur Gottverbundenheit, Erscheinungen, Alchemie, Heilungen mit den verschiedensten magischen Methoden z. B. Quabbalah oder durch die Elemente, Schutzgeistevokationen und viele andere magische „Wunder" seines Freundes und Lehrers Anion. Auch einige magische Fotos in Farbe, ein bisher von Bardon unveröffentlichtes Akashafoto von Christus und ein Bild des schwebenden Meister Arion werden in diesem Buch preisgegeben. Der Inhalt ist viel reichlicher, als hier kurz beschrieben werden kann.

*

Magisches Gleichgewicht
Hohenstätten

Dieses Buch zeigt eindeutig, dass in allen anderen Systemen das „Gleichgewicht" genauso gebraucht wird, wie bei Bardons Werken. Er war nicht der Einzige, der das erwähnte, aber er war der erste, welche es deutlich erklärte, denn die anderen Systeme sprachen nur durch das Symbol, welches nicht jedem Leser verständlich war. Obendrein bringen wir noch Unveröffentlichtes vom Meister Arion zu dieser Grundlage der magischen Entwicklung.

*

Das Leben und die Erfahrungen eines wahren Hermetikers
Seila Orienta

Diese Autobiographie eines Magiers ist unübertroffen, denn bis jetzt hat kein einziger, okkult Geschulter, so offen und ehrlich gesprochen wie Seila Orienta. Er gibt in diesem Werk sein Leben bekannt, sowie seine zahlreichen und äußerst interessanten Erlebnisse und Erfahrungen. Es werden auch zum ersten Mal Fotos von Wesen der Sphären gezeigt, welche Franz Bardon höchstpersönlich in den 20ern gemacht hat. Des Weiteren schreibt Seila Orienta über die Sphären, über Dämonen, Logenkontakte und vieles, vieles mehr, was einem ehrlich strebenden Hermetiker das Herz übergehen lassen wird.

*

Das Leben des Franz Bardon
Hohenstätten

Dieses Buch beschreibt das Leben des Meisters außerhalb des Frabatos, welches seine Sekretärin – Otti V. – geschrieben hat. Es beinhaltet Erklärungen zu seiner „Biografie", weitere Einzelheiten über den Kampf mit der FOGC, seine Beziehung zu Wilhelm Quintscher und anderen Okkultisten, was alles bisher unbekannt war! Des Weiteren werden viele Erlebnisse seiner Schüler in Prag erzählt, verschiedene magische Leistungen und interessante Geschichten Bardons beschrieben, die bis dato unveröffentlicht sind. Es werden auch seine drei Lehrwerke und deren Wirkung auf die Öffentlichkeit von einem anderen, unbekannten Standpunkt geschildert, welcher durch bisher schwer zugänglichen Schriften unterstützt wird. Als Krönung wird seine aus dem tschechischen übersetzte „Runenschrift" zum ersten Mal veröffentlicht. Auch einige Seiten aus anderen unveröffentlichten Schriften von ihm sowie interessante Fotos des Meister Bardon und seiner Freunde werden hier preisgegeben und vieles, vieles mehr.

*

In Verbindung mit der Gottheit
Hohenstätten

Über das Thema der Gottverbundenheit mit all seinen Formen und

151

Methoden wurde bis heute noch nie ein Buch verfasst geschweige denn eine Schrift geschrieben. Man findet in der okkulten wie in der östlichen Literatur nur spärliche Hinweise, die größtenteils verschlüsselt sind oder so geschrieben wurden, dass man sie kaum versteht. Im Gegensatz dazu wird in diesem Buch offen dargelegt, dass das 1. kleine Arkanum der 78 Tarotkarten die Gottverbundenheit in ihrer Reinform darstellt.

*

Hermetische Heilmethoden
Hohenstätten

Dieses Buch stellt in der okkulten Literatur ein absolutes Unikum dar, denn über die Gesamtheit der okkulten Heilmethoden wurde bis jetzt noch NIE etwas Sinnvolles geschrieben. Es werden alle Heilmethoden erwähnt, die der hermetische Schüler mit Hilfe seiner bisher erlangten Konzentrationsfähigkeit ausüben und verwenden kann.

*

Erste hermetische Zeitschrift

„Der hermetische Bund teilt mit" ist eine der wenigen magisch-mystischen Zeitschriften, welche sich soweit als möglich auf die universelle Lehre von Franz Bardon bezieht. Sie versucht sich an die Gesetze des 4-poligen Magneten zu halten und vermittelt Wissen sowie Hinweise für die Praxis, damit der Leser die Möglichkeit hat, sie in seinen hermetischen Weg aufzunehmen und für sich gewinnbringend zu verarbeiten.

Noch viel mehr hermetische Literatur finden Sie auf unserer Website: http://www.hermetischer-bund.com.

Viel Vergnügen beim Stöbern!

Der Verlag